AF397125

BIBLIOTHÈQUE D'INSTRUCTION & D'ÉDUCATION DU CITOYEN

FRÉDÉRIC PASSY

MEMBRE DE L'INSTITUT

Les Causeries

du

Grand=Père

PARIS

Librairie d'Éducation Nationale

ALCIDE PICARD ET KAAN, ÉDITEURS

11, 18 ET 20, RUE SOUFFLOT

Les Causeries
du Grand-Père

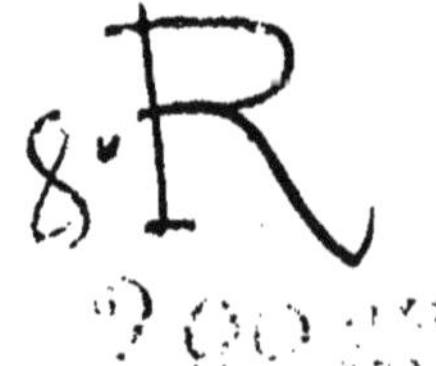

CET OUVRAGE
DONT LA PROPRIÉTÉ EST RÉSERVÉE A ÉTÉ DÉPOSÉ
AU MINISTÈRE DE L'INTÉRIEUR

PRINCIPAUX OUVRAGES

De M. Frédéric PASSY

Leçons d'économie politique, 2 vol. in-8°, seconde édition
(épuisé).
Mélanges économiques, in-12 (épuisé).
La Propriété intellectuelle, in-12 (épuisé).
L'Enseignement obligatoire, in-12 (épuisé).
Une Exhumation. Un cours libre sous l'Empire, in-12.
Pages et Discours, in-12.

A LA LIBRAIRIE HACHETTE

Les Machines et leur Influence sur le progrès social, in-12.
Le Petit Poucet du dix-neuvième siècle (Georges Stephenson et la naissance des chemins de fer), in-12.
Conférences diverses, dans la collection des entretiens
populaires et des cours d'économie industrielle.

A LA LIBRAIRIE DELAGRAVE

Vérités et Paradoxes, in-12.
Brochures et Conférences diverses.
L'Économie politique en une séance.
L'Instruction secondaire. Défauts et remèdes.
Discours parlementaires.
La Question de la paix.

Publications diverses sur la paix, la guerre et l'arbi-
trage; notamment participation importante au volume:
La Paix et l'Enseignement pacifiste. Librairie Alcan.
Feuilles éparses. Poésies, in-12. A la Société d'imprimerie et d'édition. Paris, 15, rue de Cluny.

FRÉDÉRIC PASSY

MEMBRE DE L'INSTITUT

Les Causeries du Grand=Père

PARIS

Librairie d'Éducation Nationale

ALCIDE PICARD ET KAAN, ÉDITEURS

11, 18 ET 20, RUE SOUFFLOT

Aux Enfants des autres,

au nom et en souvenir des miens.

F. P.

PRÉFACE

Ces pages (je ne veux pas les appeler un livre) sont la réalisation tardive et probablement bien imparfaite d'une pensée ancienne.

Appelé, dès ma lointaine jeunesse, par de précieux encouragements et de nobles exemples, comme par la pente naturelle de mes idées et de mes goûts, à m'occuper de ces questions d'éducation, de morale et d'économie publique que l'on réunit volontiers sous le nom de *questions sociales*; mis à même, ensuite, par un ensemble de circonstances favorables, de les traiter tour à tour par la plume ou par la parole dans les milieux les plus différents, de la tribune des réunions publiques à celle du Parlement, des écoles primaires aux écoles normales, de la grange du village à la chaire du haut enseignement et jusqu'à l'aréopage de l'Institut, j'ai pu, par mes échecs comme par mes succès, constater de combien d'ombres sont enveloppées, pour la plupart des esprits, les notions les plus simples; combien de préventions, transmises de bouche en bouche, les rendent rebelles aux démonstrations les plus évidentes; combien peu surtout les argumentations en formes, que l'on croit décisives pour autrui parce qu'on les trouve telles pour soi, les intéressent et les convainquent.

L'Académie des sciences morales et politiques, dont j'ai l'honneur de faire partie, en a fait, il y a un demi-siècle, l'expérience à ses dépens. Elle a publié, sur l'invitation du gouvernement, une série de brochures dues à ses membres les plus éminents, et dont quelques-unes étaient d'une incontestable valeur. On s'en était promis les meilleurs résultats : elles n'ont été que le régal d'un nombre restreint d'esprits distingués, qui peut-être n'en avaient pas précisément besoin.

De nombreux manuels de morale civique, d'économie politique ou de sociologie ont paru depuis. Il en est, je tiens à le proclamer, de très remarquables, et qui certainement ont exercé une salutaire influence ; le débit considérable de quelques-uns ne permet pas de douter de l'accueil qui leur a été fait. Il ne m'a pas semblé cependant (que leurs savants auteurs me permettent de le dire), que la forme de ces excellents traités fût toujours celle qui convient le mieux au but qu'ils se proposaient d'atteindre ; je devrais dire plutôt qu'à côté de ces œuvres didactiques une place, à mon avis, restait à prendre, plus modeste mais non moins utile, pour des œuvres familières, sans prétention, sans formules d'école, écrites, et comme parlées dans la langue de tout le monde.

Et, me rappelant, sans oser rêver de m'en approcher, la grande et heureuse popularité de cette merveille de bon sens et d'esprit qui s'appelle *La Science du Bonhomme Richard*, j'avais songé à offrir à mes compatriotes, qui n'en ont peut-être pas moins besoin que leurs frères des États-Unis, *La petite Sagesse de Jacques Bonhomme*. J'en avais même, à plus d'une reprise, ébauché quelques traits. De nouvelles réflexions et, ce qui vaut mieux, le hasard heureux de quelques questions enfantines, qui m'ont permis de constater ce qu'on peut obtenir, en se laissant en apparence guider par elle, de la curiosité naturelle des jeunes esprits, m'ont amené à donner à mon travail la forme de simples conversations; et j'ai rédigé, ou mieux dicté les *Causeries du Grand-Père*.

Ce ne sont pas, je le dis franchement, de pures reproductions d'entretiens réels ; et mes petits-enfants, à qui je les ai soumises avant de les livrer à la presse, ne doivent pas, si elles ont quelque mérite, se l'attribuer tout entier. Mais c'est en face d'eux, tout au moins en pensant à eux et sous l'impression de leurs naïves interrogations ou de leurs suggestives remarques, que je les ai rédigées. C'est leur approbation qui a été mon premier encouragement et ma plus douce récompense.

Et c'est pourquoi, en laissant sortir aujourd'hui ces causeries du milieu familial dans lequel elles sont écloses, je les offre, en souvenir des enfants qui me les ont inspirées, aux autres enfants auxquels ils me faisaient penser, et aussi (je devrais dire peut-être à plus forte raison) à ce nombre trop considérable d'hommes et de femmes de tout âge et de toute condition qui croient n'avoir plus de leçons à recevoir, et qui ne se doutent pas, hélas ! de ce qu'ils auraient à apprendre, et à désapprendre surtout, pour connaître leurs véritables intérêts et pour travailler, comme ils le souhaitent, au bien de leurs semblables, en même temps qu'à leur bien propre. Puissent-ils, les uns et les autres, me savoir quelque gré d'avoir pensé à eux, et en tirer quelque profit !

FRÉDÉRIC PASSY.

Les
Causeries du Grand=Père

PREMIÈRE CAUSERIE

Les faux Pauvres.

LES PETITS ENFANTS, *tous ensemble.* — Bonjour, bon papa !

LE GRAND-PÈRE. — Bonjour, mes chers petits. Vous rentrez déjà ? Est-ce que vous n'auriez pas fait une bonne promenade ? Il fait si beau ; le bois doit être bien joli ce matin.

LES ENFANTS. — Oh ! si, bon papa ; mais c'est que nous avons quelque chose à te demander.

LE GRAND-PÈRE. — Ah ! et quoi donc, mes enfants ?

LA PETITE SIMONE. — Voilà. Nous avons rencontré une pauvre femme qui pleurait beaucoup, et qui nous a demandé de lui donner quelques sous pour acheter du pain à ses enfants. Un monsieur qui passait avec un petit garçon, qu'il tenait par la main, et un gros chien qui sautait autour d'eux, l'a menacée de la faire arrêter, en la traitant de paresseuse et de menteuse, ajoutant qu'il la connaissait bien et qu'elle trompait le monde et employait à acheter de mauvaise eau-de-vie tout l'argent qu'on lui donnait. La femme pleurait bien fort, jurant que ce n'était pas vrai; qu'on pouvait aller voir chez elle, et qu'on trouverait ses trois malheureux enfants sans pain, sans feu et presque sans vêtements. Nous avions bien envie de lui donner le peu que nous avions dans nos petites bourses; les larmes de la pauvre femme nous faisaient pitié. Mais miss Anna nous a dit que ce ne serait peut-être pas sage; qu'il ne fallait pas croire tout ce qu'on nous disait et donner nos sous au hasard; et qu'il valait mieux te consulter et te prier de faire voir si cette femme dit vrai. Elle a pris son adresse. Mais le monsieur, qui était resté à nous écouter, a dit que ce n'était pas là qu'elle demeurait, et il en a indiqué une autre.

Est-ce que c'est possible, bon papa, qu'il y ait des gens qui abusent ainsi de la pitié des petits enfants? Je t'assure qu'elle pleurait pour tout de bon, cette femme, et cela nous remuait le cœur.

LE GRAND-PÈRE. — Oui, mes chers enfants, cela est possible, malheureusement, et pas rare. Et miss Anna a eu raison de vous empêcher de céder au premier mouvement de vos bons petits cœurs. Car ce que l'on donne à de faux mendiants

on ne peut le donner à de vraies misères; et tandis que l'on se prive de faire du bien à ceux
qui le méritent, on encourage et l'on entretient la
paresse et le vice de ceux que l'on devrait punir
comme des voleurs et des malfaiteurs. Mais
pour avoir le droit de refuser son aumône à la
main qui se tend, il faut savoir prendre la peine
de s'assurer si la misère au nom de laquelle on est
sollicité, est réelle ou mensongère. Je vais donc
faire prendre des renseignements, et demain je
vous dirai ce qu'il faut penser de votre ren-
contre et ce qu'il faut faire.

DEUXIÈME CAUSERIE

Vrais et faux Pauvres. — L'Association.

MARTHE. -- Alors, bon papa, cette femme nous avait menti ?

LE GRAND-PÈRE. — Oui, mes enfants. Pour être plus sûr de mes renseignements, j'ai voulu les prendre moi-même et je suis allé aux deux adresses que vous m'avez apportées hier : d'abord à celle que la femme a donnée, et ensuite à celle qu'a donnée le monsieur.

MARTHE. — Qu'est-ce que tu as trouvé ?

LE GRAND-PÈRE. — Je n'ai rien trouvé du tout, ainsi que je m'y attendais. C'est-à-dire que je n'y ai pas trouvé la femme, qui y était inconnue, bien que souvent des personnes charitables à qui elle a donné cette fausse adresse soient venues l'y demander. Mais j'y ai trouvé autre chose qui vous intéressera.

LES ENFANTS, *ensemble*. — Quoi donc, bon papa ?

LE GRAND-PÈRE. — Tout à l'heure, mes chéris. Finissons-en d'abord avec cette vilaine femme.

A la seconde adresse, c'est différent. Oh ! je l'ai trouvée tout de suite. Elle se serait bien passée de ma visite ; car elle était en train de très bien dîner, avec une douzaine de faux mendiants de son espèce, des bouteilles de vin et d'eau-de-vie sur la table, et, de l'escalier en montant, je les entendais rire et trinquer à la santé des imbéciles qui se laissent prendre à leurs histoires.

YVETTE. — Et les petits enfants, bon papa ?

LE GRAND-PÈRE. — Les trois petits enfants ? C'est encore un mensonge. Elle n'en a pas. Mais il y a une autre femme dans la même maison qui en a, et qui, pour faire bonne chère avec ce vilain monde, les envoie mendier, le soir, par la pluie et la neige. Et quand ils ne lui rapportent pas chacun deux ou trois francs, elle les bat et ne leur donne pas même un morceau de pain sec.

LES ENFANTS. — Oh ! les vilaines gens ! Il faut les faire punir, bon papa, et prendre ces pauvres petits pour en avoir soin et pour empêcher qu'on en fasse des paresseux, des mendiants et des voleurs comme les autres.

LE GRAND-PÈRE. — Oui, mes enfants, il faut faire cela, ou plutôt il faudrait le faire. Mais cela n'est pas facile. Il y en a tant de ces vauriens qui exploitent la pitié et la crédulité des bonnes gens qu'il en coûterait bien cher de se charger de l'entretien de tous les pauvres petits qu'ils élèvent mal. Et puis cela exigerait bien du monde pour s'en occuper.

YVETTE. — Mais, bon papa, si au lieu de donner son argent aux faux pauvres, on l'employait à aider les vrais malheureux et à bien élever les enfants mal élevés, on pourrait bien en venir à bout, et ce serait tout profit.

LE GRAND-PÈRE. — Tu as raison, petite ; et c'est bien là ce qu'il y aurait à faire. Mais pour y arriver il faudrait commencer par faire comprendre aux gens le mal qu'ils font en semant leurs aumônes au hasard, et le bien qu'ils pourraient faire en les employant avec plus de discernement. Et il faudrait aussi leur donner le courage de prendre un peu la peine de se renseigner et de s'occuper eux-mêmes de leurs semblables au lieu de se croire charitables parce qu'ils ont cédé à l'importunité de quelques pleurnicheurs.

Et puis ce n'est pas tout, voyez-vous ; et le bien n'est pas si facile à faire. Ce qui n'est pas une raison pour ne pas essayer de le faire. Les enfants appartiennent d'abord à leurs parents. Il ne peut être permis à de simples particuliers de les leur enlever. Pour le faire, pour les priver de leurs droits et leur faire perdre ce qu'on appelle la puissance paternelle, il faut beaucoup de formalités : des plaintes adressées aux magistrats pour vérifier les faits, des jugements, etc. Tout le monde ne peut pas entreprendre une telle besogne ; et la plupart du temps on se borne à gémir de ce que l'on voit, en se lamentant de n'y rien pouvoir.

LES ENFANTS. — Oh ! si, bon papa, on doit y pouvoir quelque chose.

LE GRAND-PÈRE. — Quelque chose, oui ; mais pas assez ; et c'est par ce que l'on appelle l'*association*. Ce qu'aucun de nous, à lui tout seul, ne peut, plusieurs, en se réunissant, le peuvent.

L'autre jour, Adrien voulait déplacer une grosse pierre dans son jardin. Il se serait épuisé en vain à essayer de la remuer. Paul, André, et Charles sont venus l'aider, et à eux quatre, en la faisant glisser sur une traverse, ils l'ont transportée sans difficulté.

MARTHE. — C'est pour cela, n'est-ce pas, que l'on dit que l'union fait la force ?

LE GRAND-PÈRE. — Justement. L'union n'augmente pas les forces de chacun, mais, en les ajoutant à celle des autres, elle donne une force totale plus grande. Un gros câble, qui soulève sans se rompre des milliers de kilogrammes, est fait d'une multitude de menus brins dont le plus fort ne porterait pas peut-être 5o grammes.

On a fait de même pour beaucoup de choses, mes chers enfants. Et c'est ainsi qu'on a pu établir des ponts sur les rivières, faire des chemins de fer et des locomotives, construire de grands navires qui contiennent autant de monde qu'une petite ville, ou tout simplement bâtir des maisons modestes comme la nôtre et paver les rues qui y conduisent.

On s'est entendu de la même façon pour créer des Sociétés de bienfaisance, de renseignements et d'éducation. Il y en a qui, moyennant une petite rétribution, se chargent de s'informer pour vous de la situation réelle des gens qui vous demandent l'aumône. Il y en a qui reçoivent les vieillards pauvres dans des asiles où ils peuvent vivre tranquilles leurs dernières années. Il y en a qui, pour sauver les malheureux petits enfants orphelins ou maltraités par de mauvais parents, les recueillent et les placent dans de bonnes familles, où ils voient de bons exemples et apprennent à se bien conduire et à gagner leur vie en travaillant.

Les enfants. — Oh ! bon papa, les belles sociétés ! Est-ce que les petits comme nous peuvent en faire partie et leur apporter leur petite obole ?

Le grand-père. — Oui, mes amis. Ils sont toujours les bienvenus. Mais vos économies ne sont pas grosses. Vous ferez pour cette bonne œuvre une petite bourse commune, et l'on vous inscrira en nom collectif, c'est-à-dire tous ensemble. Ce sera encore de l'*association*, et de la meilleure.

Mais cette conversation a été longue ; il ne vous reste plus qu'un quart d'heure avant vos leçons. Allez jouer pour bien travailler ensuite.

TROISIÈME CAUSERIE

La véritable Assistance. - Les Pauvres et les Riches.

Les enfants. — Bon papa, tu nous diras le nom de la société qui s'occupe d'arracher les petits enfants aux méchants parents, n'est-ce pas ?

Le grand-père. — C'est juste, il faut que vous sachiez dans quel régiment vous êtes enrôlés. On l'appelle l'*Union pour le sauvetage de l'Enfance*. C'est un beau nom et qui dit bien ce qu'il veut dire.

Simone. — Mais, bon papa, puisqu'il y a des sociétés qui s'occupent ainsi de secourir les malheureux et de recueillir les enfants abandonnés ou maltraités, et puisque tout le monde peut faire partie de ces sociétés, il ne devrait plus y avoir de misère, car elles doivent être bien riches, ces sociétés, et chacun doit tenir à en faire partie.

Le grand-père. — Hélas ! non, mes chers petits. Elles sont pauvres, très pauvres, en comparaison de ce qu'il leur faudrait de ressources pouraccomplir réellement leur tâche, et ce n'est qu'un petit nombre de braves gens, toujours les mêmes, qui leur fournissent des ressources.

Marthe. — Les hommes sont donc bien méchants ou bien égoïstes?

Le grand-père.— Méchants? non. Égoïstes? non plus; du moins la plupart. Mais ils sont indifférents, étourdis, occupés de leurs affaires et de leur famille. Leurs bonnes idées, leurs bonnes résolutions, quand ils en ont, ne font que passer un instant dans leur tête et dans leur cœur. Ils ont pitié ou dégoût parfois du mal qu'ils voient; mais ils se figurent qu'ils n'y peuvent rien, ou pas grand'chose. Et ils en détournent les yeux.

Yvette. — C'est bien mal. Et c'est bien peu raisonnable, n'est-ce pas, bon papa? Car les petits enfants mal élevés deviennent des paresseux et des malfaiteurs, contre lesquels on est obligé de se défendre. Et nous t'avons entendu dire qu'on n'y réussit pas toujours, et qu'il en coûte très cher de garder en prison ceux que l'on peut arrêter.

Le grand-père. — Bien dit, mon enfant. Oui, c'est comme pour les incendies et pour les naufrages, que l'on ne peut pas toujours éviter; mais contre lesquels on prend toutes les précautions possibles et dont on cherche à réduire les conséquences en s'assurant.

Les enfants. — Oh! oui; nous nous rappelons. Quand la grande fabrique de M. Pierre a brûlé, l'année dernière, on a dit qu'il était bien heureux de s'être assuré; qu'on lui avait payé une grosse somme, avec laquelle il a pu faire reconstruire son établissement, et que sans cela il aurait été ruiné.

LE GRAND-PÈRE. — C'est exact. Mais nous reparlerons de cela un autre jour. Pour le moment, qu'avez-vous à me demander à propos de nos pauvres enfants?

MARTHE. — Bon papa, je voudrais savoir pourquoi il y a des pauvres, et comment il se fait qu'il y ait tant de différence entre les hommes. Il y en a qui ne manquent de rien, qui ont même de trop: des maisons, de l'argent, des meubles, des chevaux, des terres; et d'autres qui n'ont pas même une chambre à eux ou un lit: rien que leurs bras, qui ne sont pas toujours bons, et le travail de la journée, qu'ils ne trouvent pas toujours non plus.

MATHILDE. — C'est vrai cela. Et il me semble qu'il serait si facile d'y remédier. Il n'y aurait qu'à partager également entre tous et à donner à chaque famille un morceau de terre, une maison et des outils pour travailler. Alors chacun pourrait gagner sa vie et la gagnerait; et tout le monde serait content.

PAUL. — Oui, si tout le monde travaillait, et travaillait également. Mais tu sais bien, Mathilde, qu'il n'en est pas ainsi. Tous les jours tu vois des gens qui viennent dire qu'ils cherchent de l'ouvrage, et que ce n'est pas de leur faute s'ils n'en ont pas.

Et quand bon papa leur en offre, ils ne veulent pas en faire. Ce sont ceux-là qui vivent comme la méchante femme qui vous avait apitoyées. Si on leur donnait de la terre à cultiver, ils la laisseraient se couvrir de mauvaises herbes, comme leur cœur de mauvaises passions, et ils seraient bientôt retombés dans la misère.

Le grand-père. — L'observation de Mathilde est naturelle, et elle part d'un bon sentiment. C'est pourquoi beaucoup d'enfants, avant d'avoir réfléchi, font la même demande, et beaucoup de pauvres gens, à plus forte raison, ne se rendant pas compte de la façon dont la richesse se produit, réclament la mise en commun de toutes choses.

Paul a raison de penser que cela ne serait pas un meilleur régime, et que le remède serait pire que le mal. Mais ce sont là des questions graves et qui demandent quelques explications. Nous y reviendrons demain. Et vous verrez que, s'il y a beaucoup d'abus dans les sociétés même les plus avancées; si la richesse n'y est pas toujours bien répartie; s'il y a des gens mieux partagés qu'ils ne le mériteraient et d'autres plus mal, et s'il est possible de diminuer ces inégalités, ce n'est pas en remettant tout en commun et en ramenant les hommes à l'état d'un troupeau dont les bêtes tondent l'herbe côte à côte jusqu'à ce qu'il n'y en ait plus, sans se donner, naturellement, la peine de semer et de planter pour la dent du voisin.

Mais je songe que j'ai oublié de vous dire ce que j'ai trouvé à la fausse adresse où j'ai eu la conscience d'aller.

Tous. — C'est vrai. Nous n'y pensions plus. Et qu'est-ce que tu as trouvé ?

Le grand-père. — De pauvres enfants, pas ceux de la méchante femme, mais ceux d'une autre femme, bien réellement malheureuse, à ce qu'il paraît, et bien laborieuse, qui était au lit avec la fièvre depuis plusieurs jours. Et sans de bons voisins, bien pauvres aussi, qui en ont eu pitié et qui se sont gênés et privés pour leur venir en aide, toute cette malheureuse famille serait morte de faim.

Tous. — Oh ! bon papa, il faut s'occuper de ces pauvres petits. Nous allons leur porter des provisions, et nous verrons ce qu'il leur manquera comme vêtements. Nous leur tricoterons des camisoles. Veux-tu ?

Le grand-père. — Certainement ; je vous y mènerai tantôt. Ce sera une promenade qui vaudra bien celle que nous avions projetée. Mais ne vous tourmentez pas. Je ne vous ai pas attendus pour faire le nécessaire. J'ai envoyé le médecin voir la mère, et j'ai fait porter du pain et quelques provisions. Mais cela ne peut être qu'un soulagement momentané. Nous verrons ce que nous pourrons faire, quand la mère va être rétablie, pour leur procurer des moyens d'existence. C'est du travail qu'il faut pour la mère, ou une place où elle puisse gagner de quoi vivre, et, pour les enfants, l'école et quelques vêtements, avec des marques d'intérêt et de bons conseils. Ceci vous regarde, mes enfants, et ce sera aussi bon pour vous que pour eux. Car rien n'est meilleur que de se sentir utile à d'autres C'est un grand malheur, pour ceux qui ont ou se croient avoir la vie assurée, de ne pas connaître les souffrances et les angoisses de ceux qui manquent de tout.

QUATRIÈME CAUSERIE

L'Égalité. — La Propriété et la Communauté.

CHARLOT. — Bon papa, tu nous as dit hier, quand Mathilde t'a demandé pourquoi on ne faisait pas à tous les hommes une même part des biens de ce monde, que cela n'était pas possible et même que cela ne‑serait pas juste. Cependant nous t'avons entendu dire souvent que tous les hommes sont égaux, et que tous les privilèges, c'est-à-dire toutes les lois qui font des faveurs aux uns au détriment des autres, sont condamnables. Est-ce qu'une grande fortune à côté d'une petite, ou même du dénûment, n'est pas un privilège ? La terre n'a-t-elle pas été, avec ce qu'elle porte, donnée à tous sans distinction ? Et ceux qui en détiennent de grands morceaux n'en ont-ils pas privé ceux qui n'en ont que de petits ou pas du tout ?

LE GRAND-PÈRE. — Voilà de bien grosses questions, mes enfants. Ou plutôt voilà la grosse question qui renferme toutes les autres. Elle en a embarrassé de plus forts que toi, mon Charlot. Je le disais hier à Mathilde ; et l'on n'est pas juste quand on traite avec mépris ou avec colère, comme des brutes ou des malfaiteurs, ceux qui se la posent et, se croyant dépouillés, réclament leur part. Il est plus sage et plus humain de chercher à les éclairer, en leur montrant en quoi nous sommes égaux et en quoi nous ne le sommes pas ; à quoi aussi nous avons droit naturellement, au nom de cette égalité primitive, et quels sont les biens qui constituent réellement le patrimoine commun.

Un écrivain du XVIIIᵉ siècle, qui a dit beaucoup de choses justes, mais qui a dit aussi beaucoup de choses fausses, Jean-Jacques Rousseau, a écrit : « Les fruits sont à tous, et la terre n'est à personne. » Il a écrit également : « Tout est bien selon les lois de la nature ; tout dégénère entre les mains de l'homme. » Et, pour en revenir à l'état de nature, il proposait de détruire tout ce que l'homme a fait : villes, machines, outils, arts, sciences, littérature. « L'homme qui pense, concluait-il, est un animal dépravé. »

LES ENFANTS. — Est-ce qu'il disait cela sérieusement, bon papa ? Alors pourquoi écrivait-il ?

LE GRAND-PÈRE. — On ne sait pas trop. C'était un esprit bizarre, qui a soutenu souvent des thèses contradictoires, et qui aimait à étonner ou à scandaliser ses contemporains. C'est ainsi qu'à une certaine époque il s'habillait en Arménien. On aurait pu dire de lui, comme d'un autre écrivain qui a fait beaucoup de bruit vers le milieu du siècle dernier, qu'il tirait des coups de pistolet dans la rue pour faire mettre les gens aux fenêtres. Toujours est-il que sa formule avait fait fortune, et qu'aux yeux de beaucoup de gens elle était sans réplique. Nous allons voir qu'il avait tort d'en tirer les conséquences qu'il en tirait.

MATHILDE. — C'est bien étrange, bon papa, qu'il y ait des hommes qui soutiennent ainsi le pour et le contre, et qui songent plus à faire parler d'eux qu'à chercher la vérité.

LE GRAND-PÈRE. — Assurément. On les appelle des sophistes ; et ce n'est pas un beau nom. Cependant ils ne sont pas toujours de mauvaise foi. Les choses ont plusieurs aspects, et, selon les jours, on est plus ou moins frappé de l'un ou de l'autre. Mais cela prouve combien il faut se défier de soi et des apparences, et combien aussi il faut nous garder de condamner sans pitié ceux qui ne pensent pas comme nous.

PAUL. — Tu viens de nous dire que la formule de Jean-Jacques Rousseau avait eu beaucoup de succès dans son temps. Est-ce que personne ne lui a répondu ?

LE GRAND-PÈRE. — Si vraiment. On a publié des volumes contre lui. Mais il y a eu deux hommes qui, sans entrer en discussion, ont fait justice de ses idées. Le premier est Voltaire, qui avait beaucoup d'esprit. « J'ai lu votre livre, mon cher philosophe, lui écrivait-il. En vérité, il donne envie d'aller tout nu et de marcher à quatre pattes ! Malheureusement, il y a si longtemps que nous en avons perdu l'habitude, que je crains bien que nous ne puissions pas la reprendre... »

Tous. — Voilà une drôle de réponse, et qui a dû démonter un peu Rousseau. Et l'autre ?

Le grand-père. — L'autre, c'est celle d'un médecin très original, le docteur Quesnay, que le roi Louis XV avait surnommé le *Penseur*, et chez qui l'on se réunissait pour discuter sur les intérêts publics. Comme on lui citait la phrase : « Les fruits sont à tous... » : « Oui, dit-il, en montrant des hirondelles qui passaient devant la fenêtre, comme tous les moucherons qui volent dans l'air sont à toutes les hirondelles ; c'est-à-dire qu'ils ne sont pas plus à l'une qu'à l'autre. Mais quand l'une d'elles en a pris un dans son bec, il est à elle. Et si une de ses compagnes lui dit dans son petit langage : « Donne-moi ce moucheron, car les « moucherons sont à tous les oiseaux. — Tu n'avais, « répond-elle, qu'à faire comme moi : en attra- « per. Il y en a encore. Avant ma chasse, tu le « pouvais. Après, non. Ce n'est pas le moucheron « qui n'était à personne que tu veux avoir; c'est « celui que j'ai eu la peine de prendre. C'est ma

« peine, en d'autres termes. Tu prétend savoir pour
« rien, à mes dépens, ce qui m'a coûté un travail. »

GABRIELLE. — Elle est bien gentille, bon-papa,
cette histoire de l'hirondelle. Mais est-ce que c'est
vraiment la même chose pour les hommes ? Des
moucherons, il y en a toujours. Mais de la terre,
des maisons… ?

LE GRAND-PÈRE. — De la terre comme elle est
dans nos pays, labourée, cultivée, plantée d'arbres
et couverte de moissons, non, assurément, il n'y
en a plus à prendre pour rien. Et pourquoi ?
Parce que cette terre, comme le moucheron
attrapé, a coûté du travail qui lui a donné de la
valeur. Mais nous verrons cela un autre jour.

CINQUIÈME CAUSERIE

La Propriété et la Communauté (*Suite*).
La Légende du Maïs.

MARIE. — Bon papa, je suis de l'avis de Gabrielle : elle est très jolie ton histoire des hirondelles. Mais les hommes ne sont pas des hirondelles, et ils ne se nourrissent pas de moucherons. Et puis, des moucherons, il y en a toujours à prendre tant qu'elles en veulent, tandis que la terre et les outils, il n'y en a qu'une quantité déterminée ; et quand tout est pris par un certain nombre d'hommes, il n'en reste plus pour les autres.

LE GRAND-PÈRE. — Es-tu bien sûre de cela, Marie ? La preuve qu'il n'y a pas toujours des moucherons à prendre, c'est que les hirondelles sont forcées de nous quitter en automne, parce qu'elles n'en trouvent plus assez ; et à ce moment-là les moins habiles sont exposées à être moins bien pourvues.

Et quant à la terre et aux outils, il n'est pas

vrai qu'il n'en reste plus ou qu'il ne puisse plus y en avoir davantage parce que tout est occupé. De la terre telle qu'elle est offerte aux hommes au début, telle qu'elle se trouve avant d'être occupée par eux, il y en a encore, et beaucoup, sur un grand nombre de points du globe ; et ceux qui en veulent peuvent en prendre tant qu'ils le désirent, sans rencontrer devant eux d'autres hommes qui s'en disent propriétaires. Mais c'est la terre non cultivée, sauvage, couverte d'herbes et de plantes inutiles ou malfaisantes, et peuplée d'animaux nuisibles ou dangereux, bêtes fauves, serpents, insectes ou tout simplement buffles, éléphants et autres herbivores qui dévorent ce qui pousse et ravagent le sol. Il faut la leur disputer, et il faut la mettre en valeur, *l'approprier*. C'est plus dur que d'en acheter de tout appropriée dans les pays civilisés, ou de payer à ceux qui l'ont appropriée le droit de la cultiver à leur place, ou les produits qu'ils en tirent.

Pour les outils, ou, pour mieux dire, les produits de toutes sortes, il n'y en a, cela est vrai, qu'une certaine quantité à chaque moment ; mais cette quantité peut être augmentée, et elle l'est incessamment, si on laisse à ceux qui les produisent la faculté de travailler et la liberté de se faire payer leur travail. Les premiers hommes n'avaient ni outils ni récoltes ; ils vivaient au jour le jour, comme les animaux. C'est parce que les plus intelligents et les plus habiles ont pu rester maîtres du gibier et du poisson qu'ils attrapaient, puis de l'arc ou du filet qu'ils avaient faits, des animaux qu'ils avaient apprivoisés, de la hutte qu'ils avaient construite et du coin de terre qu'ils avaient défriché à côté, que, peu à peu, de nouvelles cultures se sont développées, de nouveaux outils ont été inventés, et le nombre des hommes a pu augmenter. Les voyageurs ont constaté que, dans l'état que nous appelons sauvage, qui n'est pas l'état de dénûment et de communauté absolue du début, dans l'état où étaient les Indiens Peaux-Rouges d'Amérique, il faut à la tribu, pour subsister péniblement de sa chasse, de sa pêche et de sa cueillette, environ une lieue carrée par tête. Dans les pays où la terre est appropriée, le même espace en nourrit des centaines, et parfois des milliers.

C'est que la propriété, en vérité, donne plus qu'elle ne prend. « Nous aimons, disaient les Indiens d'Amérique, qu'il y en ait parmi nous qui cultivent le sol. Pendant ce temps-là, ils ne chassent ni ne pêchent. Ils prennent moins de gibier et de poissons, et il nous en reste davantage. » En même temps ils ajoutent une nouvelle ressource à celles que la terre fournissait spontanément, et ils enseignent aux autres à faire comme eux. Il y a, à ce sujet, dans un livre sur l'Amérique du Nord, une légende qui est curieuse. Voulez-vous que je vous la conte ?

Tous. — Oh! oui, bon papa, conte-nous une histoire.

Le grand-père. — Donc, il y avait un jeune Indien qui, arrivé à l'âge adulte, désirait être admis parmi les guerriers et les chasseurs. Pour cela, comme autrefois pour être armé chevalier, il fallait se soumettre à des épreuves. Il fallait, entre autres, se retirer dans le désert et y subir un jeûne rigoureux. Celui qui n'aurait pas été en état de se passer de nourriture pendant plusieurs jours n'aurait pas été capable de supporter les fatigues et les privations dont il serait exposé à prendre sa part.

Notre jeune homme, en se creusant le ventre, faisait comme le lièvre de la fable : il songeait. Il se disait que la vie était dure pour les Indiens, incertaine surtout, et que c'était vraiment cruel de dépendre, pour subsister, du hasard des passages de poissons, de gibiers ou d'oiseaux, et d'être à la merci des variations de saison et de température. Et, se tournant vers le *Grand Esprit* qui gouverne toutes choses, il le suppliait de lui envoyer quelque inspiration qui lui permît d'assurer à ses semblables un peu plus de bien-être et de sécurité.

Tout à coup, devant lui se dresse un beau jeune homme, tout vêtu de vert, la tête ornée d'une aigrette qui flotte au vent. « Le *Grand Esprit* t'a entendu, dit-il à l'Indien, et c'est lui qui m'envoie vers toi. Essaie tes forces contre moi ; et si tu es vainqueur, tu auras la révélation que tu désires. »

La lutte s'engage aussitôt; et, pendant sept jours, dit la légende, elle se continue sans interruption. Le septième jour, enfin, le génie tombe aux pieds de son adversaire et lui adresse de nouveau la parole : « Tu triomphes, lui dit-il, et je n'ai plus qu'à mourir. Mais ne méprise pas mon cadavre. Enterre-le honorablement; veille sur ma tombe; défends-la contre les animaux et les hommes. Et quand je renaîtrai (car je renaîtrai), veille encore sur moi et sur ma descendance jusqu'à ce que nous ayons achevé de grandir. Et alors tu connaîtras le don que t'envoie le *Grand Esprit*. »

Il fit comme il lui était demandé. Il confia à la terre les restes de son ennemi; il entoura sa tombe d'une clôture pour la préserver de toute atteinte; il la débarrassa soigneusement des herbes et des broussailles qui y voulaient pousser. Et bientôt il eut la surprise de voir paraître, les unes à côté des autres, les petites têtes verdoyantes d'une série de jeunes Génies semblables au premier, qui, peu à peu, se changèrent en une forêt de pieds de maïs. C'était la plante nourricière que le *Grand Esprit* envoyait aux Indiens.

Tous. — Oh ! la belle légende, bon papa. Est-ce qu'elle est vraie ?

Le grand-père. — Oui et non, cela dépend de la façon de l'entendre. Voyons, réfléchissez un peu. Et demain vous me direz ce que vous en pensez.

SIXIÈME CAUSERIE

L'Appropriation. — Gratuité et Valeur. L'Offre et la Demande.

LE GRAND-PÈRE. — Eh bien ! avez-vous pensé à notre histoire d'hier ? Qui de vous pourra me donner l'explication de la légende et me dire ce qui s'est réellement passé ?

PAUL . — Oh ! c'est bien simple. L'Indien avait faim. Devant lui, à portée de sa main, se trouvait un pied de maïs à moitié mûr seulement. Il aurait pu, comme ses voisins, le croquer tout vert ou le griller. Mais alors, une fois l'épi mangé, il ne serait plus rien resté ni pour lui ni pour les autres. Il a résisté à la tentation ; il a laissé la plante mûrir. Quand elle a été mûre, il en a, dans un coin de terre préparé à dessein, semé les graines. Il a, lorsqu'elles ont levé, pris soin des jeunes pousses ; au lieu d'un épi, il a eu une récolte. Il a été le bienfaiteur de sa tribu et de l'humanité.

LE GRAND-PÈRE. — Parfaitement. Et vous voyez que les Indiens ont su le comprendre. Car si personne n'avait respecté sa culture, personne n'en aurait profité. Les Grecs de même avaient divinisé Cérès, qui avait, par quelque procédé analogue, peut-être par une longue suite d'essais, donné aux hommes le blé; et Triptolème, qui leur avait donné la charrue; et Bacchus, qui leur avait donné la vigne, dont ils ont abusé; et Vulcain, qui leur avait donné le fer. Les plantes bienfaisantes, les métaux utiles, les animaux dont le travail ou la chair peuvent nous servir existent à l'état naturel, autour de nous, sans que nous ayons rien fait pour les produire. Mais, aussi longtemps que nous n'avons pas appris à connaître leurs qualités ou leurs défauts, ce ne sont pas pour nous des richesses; ce sont souvent même des obstacles ou des dangers. Les végétations parasites ou nuisibles encombrent le sol; les animaux errants nous disputent les forêts et les plantes comestibles; les bœufs, les moutons qui plus tard assureront la nourriture des hommes, sont, comme je vous l'ai déjà fait remarquer, des affamés qui leur rognent leur part. Et cela est si vrai que, dans l'Inde anglaise, un Gouverneur ayant fait annoncer une grande chasse pour détruire les tigres qui avaient fait beaucoup de victimes, les indigènes vinrent le prier de n'en rien faire. Les tigres, disaient-ils, mangeaient en effet un certain nombre d'hommes, mais ils mangeaient encore plus de buffles; et si on détruisait les tigres, les buffles multiplieraient tellement que toute culture deviendrait impossible.

MARTHE. — Ah! par exemple, bon papa, il n'y avait qu'à se défendre à la fois contre les buffles et contre les tigres, ou à apprivoiser les buffles et à s'en servir. Est-ce que, dans notre pays, il n'y a pas beaucoup d'endroits où on emploie les bœufs à labourer ou à traîner les chariots, en attendant que nous les mangions?

PAUL. — Oui. Et les buffles eux-mêmes, dans le midi de l'Italie et ailleurs, on les emploie de cette façon.

LE GRAND-PÈRE. — C'est vrai. Et ce que les Indiens disaient des buffles, on a pu le dire, au début, de presque tous les animaux dont nous nous sommes fait des serviteurs ou des aliments. Mais pour eux, comme pour la terre, il a fallu du travail. Il a fallu s'en emparer, les dompter ou les apprivoiser, les approprier, encore une fois, c'est-à-dire les rendre propres à notre usage; et cela n'a pu être fait, car cela demandait de l'intelligence, de l'énergie, de la persévérance, qu'à la condition que ceux qui auraient pris cette peine auraient le bénéfice des résultats.

Vous entendrez parler quelquefois des *dons gratuits de la nature* et du « grand banquet auquel, comme dit le poète Lamartine dans la *Prière d'un Enfant*, tous les êtres sont conviés ». Demandez à votre oncle Paul, qui a été perdu dans les montagnes Rocheuses, aux États-Unis, et qui n'a trouvé à manger, le troisième jour, qu'un serpent à sonnettes et des araignées de sable, comment il est servi ce banquet de la nature, quand l'homme n'a pas encore eu le temps de faire la cuisine et de mettre le couvert. « Tout vient du travail de l'homme, » a dit M. Laboulaye. Allez dans les pays où l'homme n'a pas encore fait son œuvre; vous y trouverez des arbres, peut-être des chênes avec des glands et des plantes sauvages. Vous n'y trouverez ni maisons, ni bestiaux, ni blé, ni fruits, ni légumes, ni outils pour faire tout cela. Toutes ces choses sont le résultat du travail.

En réalité, la liste n'en est pas longue, au début, des biens qui ne coûtent rien. L'air que nous respirons est gratuit, parce qu'il vient tout naturellement entrer dans nos poumons, à mesure que celui qui y était en sort, après avoir vivifié notre sang. L'eau de la source est gratuite dans les endroits où rien ne nous empêche d'approcher de la source. Encore faut-il, comme l'a dit un auteur de beaucoup d'esprit et de bon sens, prendre la peine de se baisser pour en boire sur place ou pour la porter à ses lèvres. Mais si nous voulons avoir de l'eau à une certaine distance de la source, il faut prendre une autre peine : celle de l'y transporter dans des vases ou des tonneaux, de l'y faire venir dans des conduits, ou de l'y faire apporter par d'autres personnes. Et alors, comme tout cela coûte du temps et des efforts, soit que nous le fassions nous-mêmes, soit que nous le fassions faire par d'autres, qui ne le font pas pour rien, l'eau n'est plus gratuite.

YVETTE. — C'est pour cela, bon papa, que l'autre jour on est venu te faire payer une note pour l'eau que nous avons dans le jardin? J'ai entendu que l'homme disait que c'était pour la *Compagnie des eaux*.

LE GRAND-PÈRE. — Justement. Il a fallu, pour les villes, ou pour les réunions nombreuses d'habitants, trouver des moyens de mettre de l'eau à la disposition de tous, sans que chacun fût obligé d'en aller chercher au loin ou puiser à la rivière. Quand j'étais jeune, il y avait, à Paris, des porteurs d'eau, qui circulaient dans les rues avec des tonneaux et qui montaient dans les maisons avec de grands seaux. On payait deux sous le contenu des deux seaux, qu'on appelait une *voie d'eau*.

Il y avait aussi, de loin en loin, des fontaines, où ceux qui ne voulaient pas payer le porteur d'eau allaient prendre eux-mêmes ce qu'il leur fallait. Même pour ceux-là l'eau n'était pas gratuite, car il avait fallu établir les conduites et les réservoirs qui alimentaient les fontaines; et cela était payé au moyen des *contributions* ou *taxes municipales*, dont tous les habitants supportent une part. Mais ceci serait une autre question très importante.

Nous la laisserons pour beaucoup plus tard.

YVETTE. — Je comprends bien cela, bon papa, pour l'eau, et aussi pour le blé, qu'il a fallu semer après avoir labouré, récolter et battre avec des outils et des machines qui ont coûté cher. Mais l'air ? Il est toujours gratuit, n'est-ce pas ? Car il y en a toujours partout, et il serait impossible de se l'approprier. De même de la lumière et de la chaleur du soleil.

LE GRAND-PÈRE. — Pas tant que tu le crois, mon enfant. Si tu étais descendue, comme moi, dans une mine, à deux, trois ou quatre cents mètres sous la terre, là où l'on extrait la houille, qui ne nous a rien coûté à produire, mais qui coûte à tirer du sol et à apporter jusqu'à nos demeures, tu aurais vu que dans ces profondeurs l'air qui s'y trouve naturellement est trop chaud, trop humide, mêlé de gaz irrespirables ou dangereux, et que, pour y vivre et y travailler, les hommes qu'on appelle des mineurs ont besoin qu'on leur envoie constamment, avec de grandes machines soufflantes, que l'on appelle des ventilateurs, de l'air du dehors. Ces machines ont coûté à construire, et elles coûtent à entretenir en activité : l'air qu'elles envoient au fond de la mine n'est donc pas gratuit.

Il en est de même quand on descend sous l'eau, pour y faire des travaux ou pour y chercher les objets qui se trouvent au fond, en s'enfermant dans un appareil que l'on appelle une cloche à plongeurs. On ne peut rester dans cette cloche qu'à la condition de recevoir d'en haut, par un tuyau et une pompe, de quoi respirer.

Marie. — Alors, bon papa, c'est pour cela que les mêmes choses n'ont pas toujours la même valeur; et que tantôt on dit qu'elles sont chères et tantôt qu'elles sont à bas prix?

Le grand-père. — Oui, mon enfant. Ce ne sont pas les choses qui valent, et ce n'est pas, à vrai dire, elles que l'on paie : c'est la peine qu'il a fallu prendre, ou la dépense qu'il a fallu faire pour les obtenir. Un verre d'eau dans un désert pourrait se payer très cher, parce qu'il serait très difficile de se le procurer, et que celui qui le céderait ferait un grand sacrifice. Au bord d'une rivière, on n'en donnerait pas un centime. Quand il y a beaucoup de pommes de terre, elles ne se vendent pas cher; quand il y en a peu, le prix s'élève. J'ai vu les pommes si abondantes qu'on ne voulait pas même venir les chercher sur les pommiers; et je les ai vues si rares qu'il fallait en faire venir de Normandie ou de Bretagne, et payer les nôtres tout aussi cher. C'est ce que l'on appelle la *loi de l'offre et de la demande*. Quand une marchandise ou un service sont très demandés et peu offerts, leur prix monte. Quand ils sont peu demandés et beaucoup offerts, leur prix baisse. Nous aurons occasion de reparler de cela plus d'une fois; car nous retrouverons cette question de la valeur variable des choses à propos de tout. Pour le moment, je veux seulement vous conter une petite anecdote, qui vous aidera à vous souvenir de ce que nous venons de dire.

Un porteur d'eau circulait avec ses deux seaux dans les rues d'une ville qui était assiégée. Il avait déjà haussé son prix et criait de son mieux : « A six sous la voie d'eau ! » Une bombe passe à côté de lui et emporte un de ses seaux. Aussitôt, son prix quadruple et il se met à crier : « A douze sous le seau d'eau ! » Ce brave homme n'avait pas eu besoin de faire des études pour savoir que la rareté est un des éléments de la valeur.

SEPTIÈME CAUSERIE

Loi du moindre Effort. — Produits et Services.

ADRIEN. — Bon papa, je comprends bien que les choses se vendent plus cher quand il y en a moins, ou quand elles sont plus recherchées. Mais tu nous as dit en même temps que ces choses n'avaient pas de valeur par elles-mêmes ; et cependant on dit tous les jours que le blé vaut vingt francs, par exemple, ou que le pain est cher. Et cette idée de la valeur est si répandue que les actions des chemins de fer ou des compagnies, les titres de rente et toutes les parts de propriété, d'entreprises industrielles, de mines, de canaux, qui se vendent à la Bourse, s'appellent précisément des *valeurs*.

LE GRAND-PÈRE. — Je ne m'étonne pas de te voir revenir sur cette idée de la valeur. Elle a donné lieu à beaucoup de discussions parmi les savants ; et, pendant bien longtemps, plus ils ont écrit à son sujet, et moins la question s'est éclaircie. Frédéric Bastiat, un de mes maîtres, est le premier, à mon avis, qui en ait donné une définition simple et facile à comprendre. Il a dit que *la valeur est le rapport de deux services échangés.* Un sac de blé vaut trois sacs de pommes de terre, quand il faut donner trois sacs de pommes de terre pour se le faire céder. Il en vaudrait quatre, ou le sac de pommes de terre ne vaudrait plus que le quart d'un sac de blé, au lieu du tiers, s'il en fallait donner quatre. Ce n'est donc pas le blé en lui-même ou la pomme de terre que l'on paie; c'est le service qu'ils représentent, autrement dit, c'est l'effort qui a été nécessaire pour se les procurer. Et c'est ce qui a fait dire au même Bastiat que *les services s'échangent contre les services, et qu'un produit n'est qu'un service prévu.*

Un menuisier voit venir chez lui un voisin, qui lui demande, moyennant un prix ou un service, de lui faire une table. C'est son travail, avec le remboursement de ce qu'il a dû payer pour avoir le bois et les outils, qu'on lui paie. Ce menuisier se dit que d'autres voisins pourraient avoir besoin de tables, et qu'ils seraient bien aises d'en trouver de toutes faites. Il en fait à leur intention ; et on appelle ces tables des *produits.* Il n'a fait autre chose que d'accomplir par avance le travail qu'il prévoyait devoir lui être demandé. Mais dans tout cela, encore une fois, ce qui se paie, ce qui vaut, c'est le temps et la peine qu'a exigés ou que suppose la confection de l'objet.

Un grand homme de bien, dont j'aurai à vous parler, Turgot, qui vivait au XVIIIe siècle, a dit dans un de ses ouvrages : « L'homme fait un premier commerce avec la nature. » Rien de plus vrai et de plus profond. L'homme a des besoins; il veut les satisfaire; mais pour les satisfaire il est obligé de faire un effort. C'est un sauvage, par exemple, qui voudrait manger le fruit d'un arbre. Il faudra qu'il grimpe à l'arbre pour le cueillir. L'effort qu'il fait est le prix auquel il paie la possession du fruit. S'il trouve que l'effort est trop grand, il s'en abstient et dit, comme le renard de la fable, que « les raisins sont trop verts ». Mais, comme tout en se privant de manger les raisins, il ne cesse pas d'en avoir envie, il cherche s'il n'y a pas moyen d'y atteindre plus facilement, c'est-à-dire de faire baisser le prix qu'il est obligé de payer à la nature. Et tous les progrès réalisés par le travail de l'homme, dans l'agriculture, dans l'industrie, dans les moyens de transport, ne sont autre chose que la série des procédés imaginés pour obtenir plus facilement ce qui était trop difficile à obtenir, ou pour obtenir avec plus ou moins de peine ce qu'on ne pouvait pas obtenir.

HUITIÈME CAUSERIE

L'Héritage.

Madeleine. — Bon papa, il est bien clair qu'il n'est pas possible de tout mettre en commun entre tous les hommes. Il est juste que celui qui a travaillé davantage ou mieux soit plus riche ou moins pauvre que celui qui n'a rien fait ou qui n'a fait que de mauvaise besogne. Pourtant il y a des différences qui semblent trop grandes. Est-ce qu'il n'y aurait pas moyen de les corriger? Et puis, ce n'est pas toujours en travaillant que l'on devient riche. Il y a des gens qui font fortune par de vilains moyens, en vendant de mauvaises marchandises, en trompant ou en volant. Je sais bien que ceux-là il y a des lois qui les punissent, quand on peut leur prouver qu'ils ont volé ou trompé. Mais cela n'est pas toujours possible. Et puis il y a aussi ceux qui sont riches sans avoir rien fait pour cela, parce que leur père ou leur oncle, qui avait travaillé, leur a laissé sa fortune, ou parce qu'ils ont eu la chance de plaire à quelqu'un qui leur a fait don de la sienne. Ces gens-là, souvent, ne font rien et se contentent de jouir de leurs rentes. Est-ce que c'est juste ? Et ne vaudrait-il pas mieux ne laisser à chacun que ce qu'il aurait gagné, et verser le reste à l'État, qui s'en servirait pour soulager les misères des pauvres et assurer des retraites aux vieillards ?

LE GRAND-PÈRE. — C'est encore une grave question que tu poses là, ma chère enfant ; et tu n'es pas la première qui la pose. C'est la question de l'héritage. Nous allons l'examiner.

Mais d'abord parlons de ce que tu appelles les trop grosses fortunes. Si elles sont le résultat du travail, d'un travail honnête, comment peut-on dire qu'elles sont trop grosses, et qui sera juge du point où il faudra les arrêter ? Un homme comme Georges Stephenson, qui n'était qu'un pauvre ouvrier mineur, invente les locomotives et fait construire des chemins de fer. Plus il en fait, plus il gagne ; mais plus aussi il se rend utile. De quel droit viendrait-on lui dire : « Vous avez assez travaillé » ; ou bien : « Laissez d'autres, qui n'ont eu que la peine de vous imiter, s'enrichir à votre place ? » De même pour Watt, à qui l'on doit la machine à vapeur fixe, et qui ne demandait pour prix de ses appareils que le tiers de l'économie de combustible qu'il faisait faire à ses acheteurs.

MADELEINE. — Oui, bon papa, Watt et Stephenson gagnaient de gros salaires, parce qu'ils faisaient de belle besogne ; mais c'était leur salaire. Il n'en est pas de même de ceux dont la fortune est le produit d'un don ou d'un héritage.

LE GRAND-PÈRE. — Sans doute; et l'on pourrait dire qu'ils n'avaient à ce don ou à cet héritage aucun droit personnel. On pourrait même ajouter que souvent, trop souvent, les richesses reçues ainsi ne sont pas bien employées, et que ni ceux qui les reçoivent ni la société n'en profitent. Mais il y a aussi des gens qui font de ce qu'ils ont reçu un bon emploi. Il y en a qui le consacrent à des voyages utiles, à des expériences coûteuses, à des œuvres de bienfaisance, et qui ne pourraient pas le faire s'ils étaient obligés de passer tout leur temps à travailler pour vivre. Cela fait peut-être compensation. Ce n'est pas tout. Et si l'on peut dire que les enfants n'ont pas de droit à la fortune de leurs parents, peut-on dire que les parents n'aient pas le droit de leur laisser leur fortune ? Les priver de ce droit, ne serait-ce pas leur causer, à eux, un véritable préjudice, peut-être aussi en causer un considérable à la société ?

MARIE. — Ah ! oui, bon papa, je crois que je devine, ou plutôt je me rappelle l'explication que tu nous a donnée quand nous avons lu la fable du *Vieillard et des trois jeunes Hommes*. Ce n'était pas beaucoup pour lui-même ; c'était pour ses enfants ou petits-enfants que le bon octogénaire plantait des arbres qu'il ne verrait pas grandir. « Mes arrière-neveux, disait-il, me devront cet ombrage. » Et il ajoutait :

Cela même est un fruit que je goûte aujourd'hui.

Cela revient à dire que le plaisir qu'il éprouvait à travailler pour le plaisir d'autrui, c'était sa récompense, son salaire. Le priver de ce salaire, ce serait évidemment une injustice.

LE GRAND-PÈRE. — Bien, très bien même. Et voilà, pour ce qui concerne le père qui laisse sa fortune, ou l'homme généreux qui la donne, et qui doit bien être libre de donner à qui il veut. Mais j'ai dit que la société tout entière, au lieu d'être intéressée à s'emparer de la fortune des mourants, est intéressée, au contraire, à la laisser aller à leurs héritiers. Qui est-ce qui peut m'expliquer cela ?

PAUL. — Moi, bon papa. Il me semble que c'est bien simple. Et le vers de La Fontaine, que ma sœur vient de citer, le prouve :

Mes arrière-neveux me devront cet ombrage.

Oui, à la condition que l'on me permette de planter pour eux. Mais si on ne me le permet pas, je ne planterai plus ; je ne ferai plus que ce dont j'aurai besoin pour moi-même ; et la société se trouvera appauvrie d'autant.

LE GRAND-PÈRE. — Très bien aussi, mon Paul. Et vous voyez comme le bonhomme La Fontaine, avec son air naïf, était un profond penseur. Mais insistons un peu sur cette réflexion. On croit volontiers, sur de fausses apparences, que la richesse des uns est faite de la pauvreté des autres. Nous avons vu combien cela est faux, et que quand on travaille honnêtement on travaille pour tout le monde. Un cultivateur qui améliore sa terre et double sa récolte gagne plus d'argent; mais il procure plus de blé à ses compatriotes. C'est pour les nourrir qu'il a travaillé.

On parle aussi des déshérités; et l'on a l'air de croire qu'en recueillant ce que leurs parents leur laissent, les enfants diminuent la part des autres. Pensez-vous que cela soit bien exact, et que nous ne recueillions pas tous, indirectement, quelque portion de ces héritages particuliers transmis par le chef de famille à ses descendants ?

ADRIEN. — Oh ! si, bon papa. Il y a beaucoup de choses dont nous jouissons tous et qui sont devenues, comme tu l'as dit précédemment, des biens communs. Toutes les inventions sont à tout le monde; toutes les découvertes scientifiques également; tous les procédés perfectionnés de fabrication, l'amélioration des moyens de transports et des voies de communications; tout se répand de proche en proche. Et c'est pour cela que l'on dit qu'il y a un patrimoine commun.

Le grand-père. — Allons, tout le monde, aujourd'hui, fait la leçon ; et l'on croirait que vous avez lu un célèbre philosophe anglais nommé Stuart Mill, qui n'était pas pourtant un aristocrate, bien s'en faut ; mais qui, précisément parce qu'il était démocrate, ne voulait pas laisser compromettre cet héritage universel, produit des héritages particuliers. C'est, mes enfants, que tous les biens, quand la justice est respectée, rayonnent comme la lumière. Si, au milieu de la nuit, dans une pièce où un certain nombre de personnes sont rassemblées, il y en a une qui allume un flambeau, elle n'a peut-être d'autre intention que de s'éclairer ; mais, par cela même, elle diminue pour les autres l'obscurité générale. Que d'autres flambeaux allumés par d'autres mains viennent à briller à leur tour, la clarté générale s'en augmentera ; et il viendra un moment où ceux-là même qui n'auront pas de lumière propre y verront assez pour faire les travaux qu'ils pourraient avoir à accomplir. C'est de la fraternité matérielle, dont nous profitons involontairement, même à notre insu. C'est aussi, souvent, et ce devrait être toujours, de la fraternité morale.

Ce rayonnement de la richesse produite par les travaux individuels, c'est l'héritage de ceux que l'on appelle bien improprement des déshérités. Et Stuart Mill, que je viens de vous nommer, a eu raison de dire que, même pour le plus pauvre d'entre eux, il est immense. Un autre écrivain, un Français, M. Modeste, a exprimé la même vérité sous une forme saisissante. Supposez, dit-il, que les procédés d'une industrie, celle du verre, de la filature, de la teinture ou de la culture, soient perdus. Combien faudrait-il de travaux et de dépenses pour les retrouver; combien, par conséquent, a-t-il fallu de générations pour les amener au degré d'avancement, encore bien imparfait, où ils se trouvent ! A quel prix cependant nous procurons-nous les produits de ces industries ? Un verre, une assiette de faïence se vendent quelques centimes : le salaire d'une heure ou d'une demi-heure du plus humble labeur. Un mètre d'étoffe coûte, selon sa nature ou sa qualité, deux francs, un franc, cinquante centimes : le salaire d'une journée, d'une demi-journée, du quart d'une journée de manœuvre. Et cependant que d'opérations diverses, difficiles et compliquées n'a-t-il pas fallu pour fabriquer ce verre ou cette assiette, ce mètre de toile, de coton ou de laine ! C'est la chimie, la mécanique, la navigation, l'extraction et la préparation des métaux, la construction des métiers, la teinture et tout le reste, pour lesquelles des milliers et des millions de mains ont dû être successivement mises en œuvre. Comment expliquer cela ? C'est, conclut M. Modeste, qu'en même temps que ces inventeurs, ces cultivateurs et ces propriétaires avaient des fils, ils avaient des frères, des neveux, des cousins, dont nous sommes les descendants ; et que la propriété, le capital, les machines, se souvenant, sans vous et mieux que vous, de ces parentés inconnues, vous ont compris d'eux-mêmes dans l'héritage.

PAUL. — C'est ce que l'on appelle aujourd'hui la solidarité, n'est-ce pas, bon papa ?

LE GRAND-PÈRE. — Oui, mes amis, la solidarité naturelle, inévitable, qui nous fait participer malgré nous à tout ce qui se fait de bien ou de mal autour de nous, et qui doit nous enseigner la solidarité volontaire, qui s'appelle la fraternité.

NEUVIÈME CAUSERIE

Le Capital.

ADRIEN. — Bon papa, dans le passage de M. Modeste que tu nous as cité l'autre jour, il est question de la propriété, des machines, des inventions et des capitaux. Quelle différence y a-t-il entre ces différents termes ? Qu'est-ce qui distingue, par exemple, le capital de la propriété ?

LE GRAND-PÈRE. — Pas grand'chose, à vrai dire, mon ami. Tout capital est une propriété, et toute propriété, envisagée d'un certain point de vue, est un capital. Les machines, en particulier, sont du capital. Un capital, c'est de la richesse employée ou destinée à produire.

ADRIEN. — Autrement dit, c'est de la richesse qui travaille ?

LE GRAND-PÈRE. — A peu près ; et de la richesse produit du travail, ou du travail transformé en instrument de travail.

Adrien. — Je crois que je comprends. C'est le fruit du travail d'hier et la semence du travail de demain.

Le grand-père. — Parfaitement. Et c'est ce qui a fait dire à Bastiat que le capital c'est le blé du travail. Mais tout cela est un peu abstrait. Rendons-le plus clair en suivant dans sa naissance et dans ses emplois ce blé que je viens de prendre pour emblème du capital.

Un homme, par un moyen ou par un autre, s'est procuré du blé. Que va-t-il en faire ?

Mathilde. — Du pain, bon papa. C'est pour avoir du pain que l'on cultive le blé.

Le grand-père. — Oui. Mais si, quand on a du blé, on se dépêchait de le manger, et de tout manger, on n'en aurait pas longtemps, et il n'en repousserait pas pour l'année suivante. Notre homme donc, s'il est sage, s'il a le bon sens du jeune Indien dont je vous ai conté l'histoire, tâchera de mettre de côté une partie au moins de ce qu'il aura récolté. Il se dira que l'année est longue du mois d'août actuel au mois d'août prochain; qu'il faut songer à l'avenir et, comme dit le proverbe, sous une autre forme, *garder une poire pour la soif.*

Marie. — C'est ce que la cigale, malheureusement pour elle, n'avait pas su faire.

Le grand-père. — Malheureusement pour elle et malheureusement aussi pour les autres.

MATHILDE. — Comment cela pour les autres, bon papa ? En quoi cela aurait-il servi aux autres que la cigale eût fait des provisions ?

SIMONE. — Cela lui aurait permis de les partager avec eux, comme aurait pu le faire la fourmi, si elle avait été plus prêteuse.

LE GRAND-PÈRE. — Justement. Quand on a gardé une poire pour sa soif, il peut arriver qu'elle serve pour la soif d'autrui. Et ce ne sera pas toujours par pure bienveillance, par charité; ce sera peut-être par intérêt et pour le bien de l'un comme de l'autre qu'on l'obligera. En échange d'une portion de son blé mis en réserve, notre homme pourra se procurer autre chose : des outils, des vêtements; et sa prévoyance, en même temps qu'elle lui sera utile, sera utile à d'autres. Ce n'est pas là pourtant le plus grand mérite de la prévoyance. Et si l'homme se bornait à épargner pour le lendemain au lieu de consommer le jour même le fruit de son travail, il ne ferait pas de grands progrès et ne pourrait guère compter sur l'avenir. Que peut-on faire encore de son blé quand on l'a récolté et mis de côté ? Voyons, Charles ?

CHARLES. — On peut le semer et de cette façon en avoir d'autre et davantage, puisque la bonne semence mise en bonne terre peut donner dix ou vingt pour un.

LE GRAND-PÈRE. — C'est cela même. Et vous voyez que c'est bien simple, et qu'il n'y a pas besoin d'employer de grands mots et de chercher des définitions savantes. Je travaille et je produis. Le produit de mon travail, qui est la représentation, l'équivalent de mon temps et de ma peine, de ma vie, en d'autres termes, m'appartient; c'est ma propriété. Ce produit, j'en consomme une partie pour réparer mes forces ou me mettre à l'abri des dangers qui menaceraient mon existence, et j'en mets de côté une partie: c'est une épargne. Aurai-je moins de droits sur ce produit non consommé, parce qu'à l'effort de l'obtenir par mon travail j'aurai joint le mérite de le conserver par mon abstinence? Évidemment non. Mon droit sera en quelque sorte doublé.

Paul. — Et si, au mérite de faire et au mérite de garder, je joins le mérite d'employer d'une façon avantageuse; si, après avoir récolté et gardé, je sème, ce sera un titre de plus au respect de mes semblables; le produit transformé en capital sera devenu tout à la fois et plus utile et plus sacré.

Le grand-père. — Et vous voyez, mes enfants (je tiens à y insister), combien il est bon de se rendre compte des choses et de ne pas se laisser duper par les mots. Il y a des gens, et beaucoup même parmi ceux qui ne se croient pas des ignorants, qui déclament contre le capital: *Le capital ennemi du travail, le capital vampire, le capital cause de la misère!* Y en a-t-il cependant qui ose-

raient dire qu'il vaudrait mieux n'avoir pas de
blé à semer, d'outils pour travailler, de connaissances pour être à même de diriger nos travaux
et d'utiliser les forces de la nature?

ADRIEN. — Mais quand on crie contre le capital,
ce n'est pas de tout cela que l'on veut parler. C'est
l'argent, les billets de banque, les grosses entreprises commerciales ou industrielles que l'on a
en vue.

LE GRAND-PÈRE. — Je le sais bien. Mais c'est
là justement qu'est l'erreur. L'argent, comme je
vous le montrerai, n'est pas la véritable richesse;
il n'en est que la représentation. Par lui-même,
s'il ne servait pas à se procurer, en les évaluant,
les produits et les services, il ne serait guère utile.
Robinson dans son île, nous dit Bastiat, était le
plus grand propriétaire du monde, et il était en
même temps le plus misérable des hommes; car il
n'avait pas de capital; il n'avait ni blé pour semer,
ni outils pour labourer, ni armes pour chasser. Il
aurait trouvé dans quelque coin une mine d'or plus
abondante que les placers de la Californie ou de
l'Australie qu'il n'en aurait pas été plus riche. Cet
or, dont il n'aurait rien pu faire, n'aurait pas été
pour lui du capital. Aussi était-il réduit à vivre au
jour le jour des fruits, des racines, des œufs de
tortue qu'il arrivait péniblement à se procurer; et
n'aurait-il guère pu espérer sortir de cette misérable condition s'il n'avait eu à sa disposition (ce

qu'oublie de remarquer Bastiat) un capital plus précieux que tous les billets de toutes les banques du monde, et qui devait lui permettre, en améliorant son travail, de s'en créer d'autres.

MATHILDE. — Mais tu viens de nous dire, bon papa, qu'il n'avait rien sauvé du naufrage.

LE GRAND-PÈRE. — Rien que lui-même, en effet; mais c'était bien quelque chose.

YVETTE. — Quelque chose, oui ; c'était même tout pour lui. Mais ce n'était pas du capital.

LE GRAND-PÈRE. — Et si je te disais, moi, que c'était du capital par excellence, le capital dont tous les autres sont faits, et un capital que personne ne pouvait lui enlever? Voyons, qui est-ce qui va me dire où il était ce capital ?

PAUL. — Ah ! je sais. Dans sa tête. C'est l'histoire de ce savant grec, Bias, qu'on plaignait d'avoir été ruiné par un naufrage, et qui répondait : « On ne peut pas me ravir mes richesses : je les porte avec moi. »

LE GRAND-PÈRE. — C'est cela même. Robinson ayant vécu dans un pays où l'on savait tirer parti des forces naturelles, du vent, de l'eau, des plantes, se fabriquer des outils, des armes, des filets, apprivoiser des animaux, était par cela même en état de sortir du cercle de misère dans lequel il semblait enfermé et de se procurer par son travail des ressources, d'abord, et des instruments ensuite. Et c'est ainsi qu'après avoir mis de côté sur le produit de sa chasse et de sa pêche de quoi vivre sans chasser et sans pêcher pendant quelques jours, ou pendant quelques heures, un jour ou un autre il a trouvé moyen de se fabriquer un filet, un arc, des flèches qui lui ont permis de faire meilleure pêche et meilleure chasse, et d'avoir du temps pour rechercher et cultiver les plantes utiles, se créer un jardin, se faire une basse-cour et un enclos pour un troupeau de lamas, et devenir enfin, sans posséder un sou vaillant, un grand capitaliste et un homme relativement riche. Et si on lui avait dit, à ce Robinson, que le capital était l'ennemi du travail, il n'aurait pas eu assez de rires pour celui qui aurait avancé cette énormité. L'histoire de Robinson, c'est l'histoire de l'humanité.

Le capital, produit du travail, c'est tout ce qui, sous une forme quelconque, rend le travail plus facile ou plus productif. Ce sont les instruments, les ressources accumulées, les provisions qui permettent de songer à l'avenir au lieu d'être absorbé par le présent ; ce sont surtout les connaissances, les idées, les habiletés manuelles, les qualités intellectuelles et les habitudes morales, sans lesquelles les efforts humains se traîneraient dans une perpétuelle routine. Et c'est pourquoi je répète, mes chers enfants, que le capital est avant tout moral.

DIXIÈME CAUSERIE

Le Capital (*Suite*). — Histoire d'un Cochon.

SIMONE. — Bon papa, est-ce que tu vas encore nous parler de Robinson ? C'est si drôle de penser qu'on peut être capitaliste dans une île déserte, et cela paraîtrait bien étrange aux gens qui croient que le capital c'est de l'argent ou des billets de banque.

LE GRAND-PÈRE. — Oui ; et Robinson va nous apprendre encore autre chose qui étonnera les mêmes gens. C'est que la possession du capital ne dispense pas de travailler ; et que, de même qu'il a fallu du travail pour l'obtenir, il en faut pour le conserver ou pour le renouveler.

YVETTE. — Comment cela, bon papa ? Maintenant qu'il a un troupeau, un jardin, une basse-cour, Robinson n'a plus qu'à vivre tranquille en mangeant ses légumes, ses œufs, ses volailles, et en buvant le lait de ses lamas.

Le grand-père. — A une condition : c'est de continuer à cultiver son jardin et à nourrir ses bêtes. Qu'il tombe malade, qu'il ne puisse plus les soigner, ou que seulement, par paresse ou par imprévoyance, il néglige de s'assurer le moyen de les entretenir, et son capital va dépérir : tout sera à recommencer. Il vieillira, d'ailleurs ; il n'aura plus la force de faire sa besogne quotidienne ; et alors, parce qu'il ne pourra plus travailler aujourd'hui, son travail d'autrefois ne lui servirait plus de rien ? Est-ce que ce serait juste ?

Les enfants. — Non, certainement ; et ce serait bien dur pour le pauvre Robinson, après s'être donné tant de mal, de retomber dans la misère.

Le grand-père. — Ce qui vous prouve que le capital, quoi qu'on en dise, ne se conserve pas tout seul, pas plus qu'il ne s'est fait tout seul. Il se renouvelle, c'est-à-dire qu'il se refait. Et comment se refait-il ?

Simone. — Comme il s'est fait, bon papa : par le travail.

Le grand-père. — Sans doute. Mais si le travail n'est plus possible ; si Robinson, qui n'a plus de forces, n'a personne pour l'aider ou pour le remplacer ?

Yvette. — Il aura Vendredi, bon papa.

Le grand-père. — Oui, Robinson sera sauvé par Vendredi. Le capital sera sauvé par le travail et le travail alimenté par le capital. Vendredi, en travaillant pour Robinson, permettra à celui-ci de se reposer, ou peut-être de faire autre chose. Mais le travail de Vendredi ne devra-t-il rien au travail de Robinson ?

GABRIELLE. — Oh ! si, bon papa. C'est parce que Robinson s'est fabriqué des outils et s'est procuré toutes les ressources qu'il possède que Vendredi, tout ignorant qu'il est, peut continuer la tâche de son maître. C'est Robinson qui arme ses mains et qui les dirige ; et c'est Vendredi qui, en employant le capital de Robinson, le conserve et le rend productif.

LE GRAND-PÈRE. — Ce qui revient à dire que, sans capital, sans provisions, sans matériaux, sans outils et sans connaissances, le travail est impuissant, désarmé et ingrat ; et que, d'autre part, sans travail, c'est-à-dire sans un emploi qui remplace et au delà la consommation, le capital est stérile et condamné à périr.

ADRIEN. — Bon papa, on écrit cependant tous les jours que « le travail est à la merci du capital », que le capital peut attendre, qu'il peut vivre sur lui-même.

LE GRAND-PÈRE. — Oui, le capital peut attendre. Il vaut mieux, a dit Bastiat, avoir planté un arbre, il y a dix ans, et en pouvoir récolter les fruits, que de le planter aujourd'hui pour en récolter dans dix ans. C'est pour cela qu'on en plante ; et si l'on n'avait pas quelque avantage à en avoir planté, on n'en planterait plus. Le capital peut attendre, vivre sur lui-même, mais pas indéfiniment; car vivre sur soi-même, c'est se consommer. Un célèbre chimiste, Liebig, l'inventeur de l'extrait de viande que vous voyez affiché partout, raconte à ce propos une histoire qui est très démonstrative : c'est l'histoire d'un cochon.

LES ENFANTS. — D'un cochon, bon papa ! Et c'était du capital ?

LE GRAND-PÈRE. — Oui, c'était le capital d'un brave paysan, qui l'avait soigneusement engraissé, et qui, le voyant propre à mettre en jambons, saucisses et boudins, se promettait du prix, comme la laitière de la fable, toutes sortes d'emplois plus appétissants les uns que les autres.

Or, au moment même où il allait s'entendre avec le charcutier, notre homme apprend que son cochon, imprudent comme certains enfants qui vont jouer dans les sablières, s'est laissé surprendre par un éboulement et qu'il faut en faire son deuil. Grande désolation comme vous pensez ! Mais il faut se résigner. Le temps passe, et déjà l'on ne songeait plus à l'éboulement, quand, au bout de six semaines (c'est le chimiste Liebig qui nous le garantit), on arrive, à force de tirer de la pierre et du sable de la carrière, à retrouver le cochon. Il vivait encore ; mais dans quel état ! Presque privé d'air, dans son tombeau, il avait continué à respirer d'une toute petite respiration, brûlant à petit feu sa graisse, comme une lampe mise en veilleuse, puis ses muscles, sa chair, vivant sur lui-même, en un mot, et de lui-même. C'est la loi commune. Les outils et les machines s'usent quand on s'en sert et plus encore quand on ne s'en sert pas. Ils se déprécient, même quand ils ne sont pas détériorés, par cela seul que l'on en fabrique de meilleurs et à meilleur compte. De même des maisons, des navires et de tout le reste. En sorte que, par le seul fait de son ancienneté, le capital perd chaque jour de sa valeur.

Et maintenant, mes chers enfants, j'espère que je pourrai vous faire comprendre quelles sont les relations naturelles du capital et du travail et vous montrer comment, sous le nom de *salaire* ou sous le nom d'*intérêt*, ils se rétribuent l'un l'autre en s'associant.

SIMONE. — Et toujours sans sortir de l'île de Robinson, bon papa ?

LE GRAND-PÈRE. — Oui, mes enfants. Mais auparavant, et pour éviter la perpétuelle confusion entre l'argent et la richesse, que je signalais tout à l'heure, je ferais bien de vous expliquer ce que c'est que la monnaie. Vous verrez qu'il ne faut pas dire, comme on le fait tous les jours : *l'intérêt de l'argent*, mais *l'intérêt du capital*. Et vous verrez aussi que le salaire est partout ; qu'il ne se paie pas seulement en argent ; et qu'on s'en fait souvent une bien fausse idée.

ONZIÈME CAUSERIE

La Monnaie.

MATHILDE. — Bon papa, je voudrais te demander quelque chose. Il est venu tout à l'heure à la maison un homme du *Bon Marché* qui apportait des marchandises. Il y avait cinquante-trois francs à payer. Maman n'avait pas cette somme en monnaie, mais elle avait un billet de banque de cent francs. L'homme a pris ce billet et il a rendu à maman quarante-sept francs. Comment se fait-il qu'on donne de l'or et de l'argent en échange d'un morceau de papier qui ne diffère de ceux sur lesquels nous écrivons nos devoirs que par des dessins et des lettres qui sont inscrits dessus ?

CHARLES. — Et comment se fait-il, Mathilde, qu'on donne des étoffes, du linge, du pain ou de la viande, et du travail, c'est-à-dire son temps et sa vie, en échange de morceaux de métal blanc ou jaune ?

Marthe. — C'est vrai cela; car enfin ces chiffons de papier et ces pièces de monnaie, on ne les boit ni ne les mange, et si on ne trouvait pas à les remplacer par des aliments, des vêtements ou des services, on serait bien vite mort de froid ou de faim.

Le grand-père. — C'est très juste ce que vous dites, mes enfants, et vous parlez d'or, c'est le cas d'employer cette expression. C'est justement, vous vous le rappelez, la question dont nous étions convenus de parler aujourd'hui. Mais ce n'est pas une petite affaire que d'y répondre ; et il y a bien des gens qui se croient habiles, et qui à d'autres égards le sont, qui seraient bien embarrassés pour vous expliquer clairement le rôle de la monnaie et celui du papier ou du crédit. Je vais l'essayer ; ce sera peut-être un peu long et un peu sérieux; mais vous verrez que c'est important.

Les enfants. — Oh ! nous écouterons si bien, bon papa !

Le grand-père. — Soit, mes enfants. Eh bien ! nous commencerons par le commencement, et nous nous demanderons ce que nous ferions si nous étions tout seuls, tout nus et tout désarmés en face de la nature.

Mathilde. — Comme Robinson encore, bon papa ?

Le grand-père. — Oui, comme Robinson. Avec cette différence toutefois que Robinson, je vous l'ai dit, avait été élevé dans un pays civilisé, et qu'il savait beaucoup de choses que nous ne saurions pas.

YVETTE. — Nous chercherions à deviner ce qui pourrait nous être utile. Nous cueillerions un fruit, s'il y en avait, nous dénicherions des œufs dans les nids, nous arracherions une branche à un arbre pour nous défendre contre les animaux ou pour abattre les noix et les pommes sauvages que nos mains ne pourraient atteindre.

LE GRAND-PÈRE. — Très bien. Et où serait la monnaie dans ces opérations ?

MATHILDE. — La monnaie, bon papa? Oh! il n'en est pas question. Robinson n'en avait pas, ni nous non plus, dans notre supposition, et il en aurait eu gros comme une maison (tu nous l'as dit) qu'elle ne lui aurait servi à rien. Il n'aurait pas pu en offrir aux arbres ou aux nids en échange de leurs fruits et de leurs œufs.

LE GRAND-PÈRE. — Assurément. Mais n'avait-il rien à leur offrir pourtant, et ne payait-il pas ce qu'il leur prenait?

MARIE. — Il ne payait pas les plantes et les nids comme nous payons le marchand, et nous ne savons pas ce que la terre éprouve quand nous la cultivons et l'ensemençons ; mais elle produit cependant en raison de ce que nous lui donnons, et pour nous, tout au moins, nous sentons bien que nous achetons à la nature ce qu'elle nous donne.

C'est pour cela que nous disons, quand nous réussissons, que nous sommes *payés de nos peines.* Nos peines sont le prix auquel nous achetons ce que nous obtenons.

LE GRAND-PÈRE. — A merveille, Marie. Tu parles comme Turgot, que je citais l'autre jour en disant que nous faisons avec la nature un premier commerce. Dans ce commerce, ainsi que dans tout échange, nous cherchons naturellement à obtenir le plus possible en donnant le moins possible ; à faire, par exemple, en une journée ce qui d'abord nous en demandait trois ou quatre, ou à monter sur une échelle pour cueillir les fruits au lieu de grimper à l'arbre comme les ours.

MATHILDE. — Alors, si le renard avait su fabriquer une échelle ou seulement monter le long de la treille, il n'aurait pas trouvé les raisins trop verts.

LE GRAND-PÈRE. — Certainement; et c'est là justement le progrès, dont l'homme semble avoir le privilège. Mais ce n'est pas seulement en améliorant ses propres procédés, nous l'avons vu, c'est aussi et surtout en profitant des ressources et de l'assistance des autres que l'homme progresse. Après avoir fait un premier commerce avec la nature, il en fait un second avec ses semblables. Celui qui sait fabriquer des arcs, en donne un à son voisin qui sait tisser une étoffe, et celui-ci lui donne de quoi se couvrir. Celui qui a récolté du blé en cède à celui qui a abattu du bois, et, grâce à cet échange, le premier peut se défendre du froid et le second de la faim. Le blé, dans ce cas, est la monnaie avec laquelle l'un paye le bois et le bois la marchandise qu'il achète; et c'est l'inverse pour l'autre. C'est ce qui a fait dire encore à Turgot, qui parlait comme Marie, que toute marchandise est monnaie, et que toute monnaie est d'abord et avant tout marchandise. Car on ne saurait comprendre, avait dit avant lui un homme qui cependant a commis de grosses erreurs et causé beaucoup de ruines, le financier Law, comment une chose qui n'aurait pas de valeur par elle-même pourrait être reçue pour monnaie, ni comment une telle monnaie pourrait se soutenir.

Simone. — Alors, bon papa, les pièces d'or et d'argent ne sont pas les seules monnaies, mais une monnaie, ou une marchandise, qui a été acceptée comme la représentation habituelle des autres?

Le grand-père. — Précisément. Tout le monde parle comme Franklin ou Bastiat, aujourd'hui. Et je sais des députés et des ministres des finances qui auraient grand profit, et le pays, par suite, à vous entendre.

Les enfants, *en riant*. — Bon papa, il faudra les inviter à nos réunions.

Le grand-père. — Il n'y a pires sourds que ceux qui ne veulent pas entendre, mes enfants. Il y a beau temps que tout ce que je vous dis, et que votre bon sens naturel vous fait trouver, je le crie sur les toits; et de plus grands que moi l'ont démontré avant moi. On ne nous a guère écoutés. Patience pourtant: tout vient à point à qui sait attendre et agir. Petit à petit les plus étourdis sont bien forcés de s'instruire à l'école de l'expérience.

Nous disions donc que les marchandises s'échangent contre des marchandises, ou les services contre des services; et que ces marchandises et ces services sont des monnaies. Pierre donne à Paul du vin dont il peut se passer, pour une vache dont il a besoin; chacun a payé et chacun est payé. Cet échange direct s'appelle le *troc*, le troc en nature, et je n'ai pas besoin de vous en démontrer l'utilité. S'il s'accomplit librement, c'est qu'il est bon, ou jugé tel par les deux contractants. Mais il n'est pas toujours facile à réaliser. Paul n'a peut-être pas la vache dont Pierre a besoin, ou lui-même n'a pas envie du vin que lui offre Pierre. Comment alors Pierre, qui veut vendre son vin, et Paul, qui n'a pas de vache pour le lui payer, pourront-ils arriver à s'entendre? Voyons, dis-nous cela, toi, Marie, qui est si habile.

Marie. — Oh! ce n'est pas bien difficile. Paul à qui Pierre demande une vache, pour lui céder son vin, s'en procurera une en échange de blé ou de bois; et il faudra trois personnes au lieu de deux pour conclure le marché.

Le grand-père. — C'est bien cela; et parfois il

en faudra quatre ou cinq; mais il y aura toujours moyen d'arriver à ces fins. C'est ce que l'on appelle le *troc circulaire*.

YVETTE. — Je comprends bien, bon papa. C'est comme quand on fait un détour pour arriver à un endroit. On arrive; mais c'est plus long et plus compliqué. Tandis qu'avec une marchandise que tout le monde accepte, on est toujours sûr de trouver quelqu'un qui soit disposé à vous vendre ce dont vous avez besoin.

LE GRAND-PÈRE. — Précisément. Et c'est là le rôle de la monnaie, je veux dire de la marchandise à laquelle nous donnons spécialement ce nom.

LES ENFANTS. — La monnaie une marchandise!

LE GRAND-PÈRE. — Oui, mes enfants, une marchandise universelle, commode et portative, avec laquelle on se procure toutes les autres marchandises. Voilà la définition de la monnaie telle que vous l'avez lue, vous devriez vous le rappeler, dans cet excellent petit livre qui s'appelle *Francinet*.

LES ENFANTS. — C'est vrai. Mais pourquoi a-t-on choisi de préférence pour cette marchandise l'or et l'argent? Est-ce que l'on a trouvé cela tout de suite?

LE GRAND-PÈRE. — On l'a trouvé partout. Ce qui prouve que c'était bien la marchandise qui convenait; mais on ne l'a pas trouvé du premier coup, et on a commencé par se servir de diverses sortes d'autres marchandises suivant les temps et les pays. Les Grecs, par exemple, à l'époque de la guerre de Troie, évaluaient les choses en bœufs ou en peaux de bœufs. L'armure de Diomède était évaluée à neuf bœufs. Plus récemment, au Canada, où l'on chassait les animaux pour leur fourrure, c'étaient les peaux de castor. Dans d'autres pays, on comptait par livres de sel, livres de clous, ou livres de tabac. Dans la colonie de la Virginie, au XVIIIe siècle, le budget était réglé en tabac, et c'était en tabac que l'on payait les pasteurs.

MATHILDE. — Ils pouvaient fumer tant qu'ils voulaient.

LE GRAND-PÈRE. — Oui; mais alors leur traitement s'en serait allé en fumée. Ils aimaient mieux l'échanger contre de l'argent et des services; et ils avaient bien raison.

Il y a eu encore bien d'autres espèces de monnaies.

Il est même question, dans les anciens documents, de monnaie vivante : soit des têtes de bétail, *Pecudes*, d'où le nom latin de monnaie: *Pecunia*; soit des esclaves.

MATHILDE. — Des esclaves, bon papa! Mais c'est abominable!

LE GRAND-PÈRE. — Abominable, assurément; mais trop vrai, malheureusement. Et, puisque l'on a acheté longtemps des esclaves, et qu'il y a encore des pays où l'on en achète, ces malheureux étaient et sont, pour ceux qui les vendent, la monnaie avec laquelle ils paient l'argent ou les étoffes contre lesquels ils s'en défont.

Mais il serait trop long de vous énumérer toutes les marchandises qui, selon les lieux et les temps, ont servi de monnaie. Trop long aussi de vous dire quels étaient les inconvénients de ces monnaies. Une anecdote, par laquelle nous terminerons notre longue conversation d'aujourd'hui, vous le fera comprendre; et nous verrons la prochaine fois pourquoi l'on a préféré partout la monnaie métallique, qui n'a pas ces inconvénients.

Il y avait, il y a une cinquantaine d'années, une jeune chanteuse française qui faisait le tour du monde. Sa monnaie, à elle, ou sa marchandise, c'était sa voix, avec laquelle elle espérait bien en gagner d'autre. Un jour, dans les îles de la Société, elle donna un concert, qui eut un grand succès. Il était convenu avec l'organisateur de ce concert qu'elle aurait pour sa part la moitié ou le tiers de la recette. Quand on fit les comptes, il lui revenait : trois porcs, vingt-trois dindons, quarante-quatre poulets, cinq mille noix de coco, sans compter une quantité considérable de bananes, de citrons et d'oranges.

LES ENFANTS. — Elle devait être bien contente; cela valait beaucoup d'argent.

LE GRAND-PÈRE. — Oui et non. Cela aurait valu beaucoup d'argent à la halle de Paris. Là-bas, elle ne savait trop qu'en faire. Elle commença par manger des bananes et des oranges, et à en faire manger à ses bêtes. C'était le moyen de ne pas tout perdre. Mais c'était aussi le moyen de ne pas en garder grand'chose. Elle eût été, finalement, fort en peine si, au bout de quelques jours un marchand d'une île voisine n'était venu lui acheter son reste. Voilà ce que deviennent, pour ceux dont ce n'est pas la spécialité d'en faire commerce, les monnaies animales ou végétales, minérales même qui ne se gardent pas toutes seules. Sans compter que ces monnaies-là ne sont pas toujours faciles à reconnaître, ou plutôt à apprécier, et qu'il y a de grandes différences de valeur entre du tabac et du tabac, du vin et du vin, du café et du café, et qu'il faut être du métier pour ne pas trop s'y tromper.

DOUZIÈME CAUSERIE

La Monnaie (*suite*).

Madeleine. — Bon papa, tu nous as bien montré combien il était désirable d'avoir une marchandise unique, acceptée par tous comme l'instrument d'échange universel ; mais tu ne nous as pas dit pourquoi cette marchandise était plutôt la monnaie métallique, de l'or et de l'argent, que telle autre des marchandises dont on s'est d'abord servi.

Paul. — Pas directement, non, mais tu nous l'as déjà laissé entendre, et l'histoire de la chanteuse le montre assez.

Le grand-père. — Eh bien ! puisque tu comprends à demi-mot, Paul, fais la leçon à tes cousines et explique-leur les raisons qui ont fait élever les métaux dits précieux à la dignité de marchandise universelle. Mais d'abord que penses-tu de cette qualification de précieux donnée à ces métaux ? Cela veut-il dire qu'ils sont plus impor-

tants, plus utiles, plus nécessaires que les autres
métaux ou les autres marchandises ?

PAUL. — Oh ! non. Le fer, qui arme nos mains
pour le travail, est bien plus utile que l'or, et il nous
serait bien plus difficile de nous en passer. Le blé,
qui nous nourrit, le bois et la houille, qui nous
chauffent, les matériaux des demeures qui nous
abritent, sont plus indispensables cent fois, et
l'on conçoit très bien que l'on puisse se passer
d'or et d'argent, sauf à être privé de quelques
avantages, tandis qu'on ne voit pas comment on
se passerait d'outils ou de nourriture. Mais les métaux dits précieux sont en proportion limitée. Ils
coûtent à obtenir, et, par certaines qualités qui les
rendent propres à satisfaire des besoins secon-
daires, mais généraux, ils sont unanimement re-
cherchés et, par conséquent, d'un prix élevé. Et
c'est là, précisément, ce qui les rend propres à servir de monnaie. Car la première qualité d'une
monnaie, comme a dit Law, c'est d'avoir de la
valeur par soi-même, et beaucoup de valeur sous
un petit volume.

LE GRAND-PÈRE. — Parfaitement, et c'est bien là,
en effet, la première condition que doit remplir une
monnaie. Mais il y en a d'autres, qui, sans être
aussi essentielles, sont de grande importance, et
que les métaux précieux réunissent à peu près complètement. Pour ne pas vous fatiguer de détails, je
les rappelle rapidement.

La marchandise monétaire doit être de conservation facile, c'est-à-dire inaltérable ou peu altérable; l'or et l'argent ne craignent guère que les voleurs. Ils sont faciles à travailler, et cependant conservent leurs formes et les signes dont on les marque. Les morceaux en sont bons ; ce qui n'est pas vrai des perles, du diamant, d'un tableau ou d'un bloc de marbre. Les fragments de ces objets, quand ils sont brisés, ne conservent qu'une partie très faible de leur valeur. L'or et l'argent conservent la leur tout entière ; et un kilogramme de paillettes d'or, de poudre d'or, comme on dit, vaut juste autant, si l'or est pur, qu'un lingot du même poids. Enfin ces métaux ont une couleur, un son, une densité qui permettent de les reconnaître assez facilement, et ils reçoivent, par la gravure ou par la frappe, des empreintes qui sont comme des certificats de leur identité. Si bien que, vous le savez, il est rare, bien que cela nous arrive quelquefois, que l'on soit exposé à recevoir de fausses pièces au lieu de bonnes. On prend d'ailleurs beaucoup de précautions pour rendre la fraude difficile ; et vous verrez dans le grand établissement qu'on appelle la Monnaie, quand nous le visiterons, avec quels soins les morceaux de métal destinés à être mis en circulation sont pesés, analysés et vérifiés avant d'être livrés au public.

Yvette. — Bon papa, alors c'est l'État qui fabrique la monnaie ?

Le grand-père. — En France, oui, et dans la plupart des pays aujourd'hui ; mais il n'en a pas toujours été ainsi. Il y a eu des époques et des pays où la fabrication des monnaies était confiée à des entrepreneurs, sous la surveillance de l'État ; mais c'était toujours l'État qui garantissait la loyauté de la fabrication, c'est-à-dire le poids et le titre de la monnaie.

Mathilde. — Alors, c'est à lui que la monnaie appartient, et il n'a qu'à en faire beaucoup pour s'enrichir, ou à mettre moins de métal pour la même pièce ?

Le grand-père. — C'est ce que croient beaucoup de gens, et ce que les gouvernements eux-mêmes se sont trop souvent figuré ; mais rien n'est plus faux et plus dangereux que cette idée. Pour faire de la monnaie, il faut de l'or ou de l'argent. Cet or et cet argent appartiennent à ceux qui se les sont procurés, soit en les extrayant de la terre, soit en les obtenant pour prix de leur travail. Ils l'apportent à la Monnaie ; on leur donne un reçu d'un poids de métal déterminé, puis on leur rend en pièces l'équivalent, moins les frais de fabrication. La monnaie n'est donc pas à l'État ; « elle est à ceux qui l'obtiennent », comme disait l'évêque Nicole Oresme, conseiller du roi Charles V, qui a écrit sur ce sujet un mémoire très remarquable surtout pour l'époque. On croyait alors, en effet, que c'était le souverain qui donnait à la mon-

naie sa valeur et que, par conséquent, il pouvait
la faire varier selon son intérêt : dire un jour, selon qu'il avait à payer ou à recevoir, que la même
pièce vaudrait le double ou la moitié de ce qu'elle
valait la veille.

SIMONE. — Mais c'était malhonnête cela ;
c'était voler le public !

LE GRAND-PÈRE. — Sans doute. Les rois condam-
naient aux peines les plus atroces les misérables
qui altéraient les monnaies ; et eux-mêmes, par un
abus de leur puissance, faisaient de la fausse monnaie et prétendaient l'imposer pour bonne au public. L'un d'eux, Philippe le Bel, a été pour ce fait
mis dans l'enfer par le poète Dante, avec le titre de
faux-monnayeur. Mais la vérité est que presque
tous, plus ou moins, ont fait la même chose, et
qu'ils se croyaient permis de le faire. C'était un de
leurs *droits régaliens.* Il y en a eu un cependant qui,
bien longtemps avant Nicole Oresme, a eu des idées
plus justes et plus morales ; et c'était un barbare,
Théodoric.

GABRIELLE. — Le roi des Ostrogoths ?

LE GRAND-PÈRE. — Oui, le roi des Ostrogoths,
le vainqueur du dernier empereur romain, Au-
gustule. Comme on lui proposait de recourir
comme ses prédécesseurs à des remaniements des
monnaies : « Partout où est empreinte l'image
des traits du souverain, dit-il, la bonne foi doit
être entière. A qui pourra-t-on se fier si l'on

est trompé officiellement au nom du prince ? »

Adrien. — Ce barbare-là était un grand homme, et il donnait aux autres princes une fameuse leçon. Mais, bon papa, tu viens de nous démontrer que la monnaie n'est qu'une marchandise plus marchande que les autres, qui doit toujours être de bonne qualité, et qui n'est donnée et reçue que pour ce qu'elle est. La monnaie de cuivre n'est pas dans ce cas, à ce qu'il me semble ; les dix grammes de cuivre, avec lesquels on fait un décime, ne valent pas dix centimes chez le marchand de métaux.

Le grand-père. — La remarque est juste, et elle va me permettre de répondre à la question de Mathilde, que nous avons l'air d'avoir oubliée. Un des avantages de l'or et de l'argent, vous ai-je dit, c'est de pouvoir se diviser en fragments de toutes les grosseurs, de façon à correspondre aux valeurs les plus diverses. Cela est vrai absolument parlant ; mais quand les morceaux sont trop petits, ils sont difficiles à manier et à garder. On a fait, à diverses époques, des pièces d'or de cinq francs et des pièces d'argent de vingt ou vingt-cinq centimes. On y a renoncé parce qu'elles se perdaient dans les poches. Alors on a préféré employer des métaux plus communs et donner aux pièces que l'on en ferait une valeur de convention ; ce qui serait sans inconvénient, ces pièces, destinées aux menus achats journaliers, ne faisant guère que passer de mains en mains sans s'y arrêter. Ce n'est pas tout à fait de la monnaie ; ce sont des bons de monnaie acceptés pour une valeur supérieure à la véritable. On les appelle du *billon*.

CHARLES. — C'est comme les fiches ou les jetons par lesquels on représente le gain ou la perte dans une partie de cartes. On leur donne la valeur que l'on veut, et on règle ses comptes ensuite.

LE GRAND-PÈRE. — Exactement, sauf que le billon a par lui-même une partie de cette valeur.

Un écrivain très spirituel, Edmond About, disait, il y a une quarantaine d'années, dans un article où il expliquait cela : « Il faudrait n'avoir jamais eu deux sous dans sa poche pour ne pas savoir ce que c'est que le billon. » En réalité, il pensait que très peu de personnes le savent, et il voulait le faire comprendre à tout le monde. Ce qu'on a fait pour les petites sommes avec du cuivre ou du nickel, on l'a fait, pour les grosses ou pour les envois à distance, avec du papier. S'il avait fallu, chaque fois que l'on opère une vente ou un achat, avoir l'argent à la main ; si pour faire venir des fruits du Midi, de la houille du Nord, du coton d'Amérique ou du thé de la Chine, il avait été nécessaire d'expédier chaque fois la contre-valeur en espèces métalliques, les affaires auraient été singulièrement réduites et, de plus, rendues très onéreuses par les frais et les risques de toutes sortes. On a évité ces difficultés en remplaçant la monnaie par des promesses de monnaie, payables soit à des dates et dans des endroits déterminés, soit à une date quelconque et aux mains de n'importe qui. Le billet de banque, à propos duquel nous en avons tant dit, est un de ces papiers promesses. C'est un bon de monnaie, émis par une société riche et puissante, avec lequel, dans les bureaux de cette société, on peut se faire donner de la vraie monnaie. Et comme un morceau de papier est plus portatif, plus facile à transmettre que des sacs d'écus, en général ceux qui ont reçu des billets de banque ne vont pas les toucher; ils les gardent pour les donner en payement à d'autres qui font comme eux. De sorte que la plus grande partie des affaires se fait sans ou presque sans maniement d'espèces.

ADRIEN. — C'est ce qu'on appelle le *crédit*, n'est-ce pas ?

LE GRAND-PÈRE. — Oui, mon ami. Mais il y en aurait trop à dire si je voulais vous expliquer tout ce qui a été imaginé pour simplifier les paiements et remplacer les remises effectives de monnaie. Ce qu'il importe de bien comprendre, c'est que tous ces procédés, si ingénieux qu'ils soient, pour se passer de monnaie, supposent toujours l'existence de la monnaie; car, s'il n'y avait pas quelque chose qui s'appelle le *franc* ou le *dollar*, ou la *livre sterling*, et si, en cas de besoin, le papier qui promet des francs, des dollars ou des livres sterling ne pouvait pas les procurer, ce ne serait qu'un chiffon dont personne ne voudrait. Et c'est ce qu'on appelle du *papier-monnaie*.

Ce qu'il faut bien comprendre aussi, c'est que la monnaie n'étant qu'une marchandise provisoire, destinée à être échangée contre d'autres marchandises ou contre des services, c'est, en réalité, en services ou en produits que les paiements finissent par s'opérer. Le papier est un bon de monnaie ; la monnaie est un bon de produits ou de services. Et c'est ce qui a fait dire à Jean-Baptiste Say : « Les produits s'échangent contre des produits ; » et à Bastiat : « La formule de la société c'est : services pour services. »

TREIZIÈME CAUSERIE

Le Salaire.

Salaire nominal et Salaire réel.

Le grand-père. — Et qu'est-ce que nous allons faire aujourd'hui, mes enfants ?

Mathilde. — Oh ! tu le sais bien. Nous allons retourner dans l'île de Robinson. C'est même parce que tu nous l'as promis que nous avons si bien écouté tes longues leçons sur la monnaie, qui n'étaient pas toujours amusantes, sais-tu ?

Le grand-père. — C'est juste. Et qu'est-ce que nous y retrouverons, dans notre île de Robinson ?

Gabrielle. — Nous y retrouverons Robinson et Vendredi : Robinson, propriétaire et capitaliste sans un sou vaillant, qui vit de ses rentes grâce à son travail antérieur et à son économie, et Vendredi, dépourvu de tout, sauf de ses bras et de sa bonne volonté, qui vit en travaillant utilement pour lui-même et pour Robinson, grâce aux outils et aux ressources que Robinson met à sa disposition. C'est le capital qui alimente le travail, et le travail qui fait valoir le capital; le travail d'hier qui féconde le travail d'aujourd'hui, et le travail d'aujourd'hui qui tire parti du travail d'hier.

LE GRAND-PÈRE. — Ce ne sont donc pas des ennemis, comme on le dit parfois?

GABRIELLE. — Des ennemis! Mais ils ne pourraient pas se passer l'un de l'autre. Sans les outils et les provisions de Robinson, que pourraient les mains vides et désarmées de Vendredi? Et sans les mains de Vendredi, que deviendraient, entre les mains affaiblies et impuissantes de Robinson, tous ces produits de son activité passée?

LE GRAND-PÈRE. — Parfaitement; sans travail, pas de capital qui se forme, et sans capital, pas de travail utile.

YVETTE. — C'est comme l'œuf et la poule: pas d'œuf sans poule pour le pondre, et pas de poule sans œuf pour lui donner naissance.

LE GRAND-PÈRE. — Ou comme le grain et l'épi.

Et le proverbe dit que ce n'est pas à l'épi à mépriser le grain d'où il est né, ni au grain à maudire l'épi dont il est le père.

Et dans ce travail auquel ils coopèrent tous les deux : dans ce mélange des sueurs d'hier et des sueurs d'aujourd'hui, quelle est la part de Robinson et celle de Vendredi ? Comment se détermine-t-elle et comment s'appelle-t-elle?

MADELEINE. — La part de Vendredi, c'est son

salaire ; et la part de Robinson c'est son profit, ou son revenu, l'intérêt de son capital.

MATHILDE. — Drôle de salaire, puisque Robinson n'a pas le sou ; et drôle de rentes !

LE GRAND-PÈRE. — Tu oublies ce que je vous ai dit dans ces leçons sur la monnaie que tu as trouvées trop longues, Mathilde. L'argent n'est pas la vraie richesse ; il n'en est que la représentation ou le gage. C'est une richesse provisoire dont on ne jouit réellement qu'en s'en défaisant, comme on ne se nourrit qu'en consommant les aliments. Même dans nos sociétés, où nous avons l'habitude de tout évaluer en argent, il y a des gens qui sont payés de leur travail sans remise d'espèces : en logement, en nourriture, en vêtements, et il y en a aussi qui reçoivent leurs revenus, en tout ou en partie, autrement qu'en espèces : en grain, en bois, en beurre ou en poulets. Dans ma jeunesse, beaucoup de fermages, c'est-à-dire de locations de terres, se payaient encore ainsi. On appelait cela des *faisances* ; et dans certaines régions de la France, où l'on a conservé ce qu'on appelle le *métayage* ou culture à moitié, le propriétaire fournit le sol, les bestiaux, les bâtiments, les instruments et les semences ; le laboureur fournit le travail ; et chacun a pour lui la moitié du produit. L'intervention de la monnaie change les apparences et les noms des choses ; elle n'en change pas la nature.

ADRIEN. — Autrement dit, bon papa. il y a le salaire *réel*, ou la quantité de satisfactions effectives que l'on peut se procurer en retour de son travail, et le salaire *nominal*, ou la somme plus ou moins forte de monnaie que l'on reçoit ? Ce n'est pas toujours la même chose.

LE GRAND-PÈRE. — C'est même parfois très différent, puisque, selon les temps et les lieux, le prix des objets varie dans des proportions parfois énormes. On a vu, en Californie, en Australie et au Klondyke, au début de l'exploitation des mines d'or, payer deux ou trois francs le décrottage d'une paire de bottes, dix francs une course à un ou deux kilomètres et vingt ou trente la journée d'un domestique ou d'une cuisinière. Mais tout était à proportion : un œuf valait deux francs cinquante, un chou quatre à cinq francs, un litre de lait cinq francs, et il en coûtait plus à un mineur pour casser une croûte dans le dernier des cabarets qu'à un de nos élégants parisiens pour déjeuner dans un des restaurants des boulevards.

MARIE. — Ce n'est pas le cas de dire que tout ce qui reluit n'est pas or; mais c'est bien le cas de dire que le ton ne fait pas la chanson.

LE GRAND-PÈRE. — C'est ce à quoi trop souvent l'on ne pense pas. On entend dire que, dans telle ville, où dans tel pays lointain, les salaires sont élevés, doubles, triples de ceux que l'on touche.

On y va, au prix de beaucoup de misères parfois; et quand on y est, on s'aperçoit qu'avec ces salaires doubles et triples on est plus mal logé, plus mal nourri et, finalement, plus pauvre qu'avec les anciens. Ou bien c'est le contraire. C'est l'histoire de l'Irlandais qui avait vu un beau pays où on avait un poulet pour quatre sous; seulement il n'y avait jamais trouvé le moyen d'en gagner deux. Cela prouve qu'il ne faut pas changer légèrement de position. Franklin raconte à ce propos, sous ce titre : *Les Changements de positions*, une anecdote intéressante.

LES ENFANTS. — Dis-la nous, bon papa !

LE GRAND-PÈRE. — Soit, la voici : « J'étais un jour, dit Franklin, dans un bateau sur l'un de nos grands fleuves d'Amérique. Par je ne sais quelle circonstance, nous fûmes forcés de nous arrêter pendant plusieurs heures loin de toute habitation. Il faisait extrêmement chaud, et nous souffrions beaucoup du soleil. En face de nous, dans une prairie verdoyante, se dressait un arbre superbe, au feuillage touffu. Admirable endroit pour aller lire à l'ombre, me dis-je ! Et, prenant un livre, je demandai au capitaine, qui s'empressa de me l'accorder, la permission d'aller m'asseoir dans ce délicieux endroit. Hélas, la prairie n'était qu'un marécage, où il n'y avait pas moyen de s'asseoir, et les moustiques y pullulaient de telle sorte qu'il était impossible d'y tenir. »

CHARLES. — Le proverbe dit aussi : *Pierre qui roule n'amasse pas de mousse.*

LE GRAND-PÈRE. — Le proverbe dit bien, et je vous conterai un autre jour une autre histoire à ce propos.

LES ENFANTS. — Tout de suite, tout de suite, bon papa !

LE GRAND-PÈRE. — C'est vraiment trop d'histoires pour une fois; et nous n'en avons pas fini avec le salaire. Enfin la voici :

J'étais à Mulhouse, en 1868, chez Jean Dolfus. J'avais fait la veille, à la *Société Industrielle*, une conférence sur le *travail*. Je reçus une lettre d'un de mes auditeurs, qui m'exprimait le désir de me voir, me disant qu'il avait été autrefois mon camarade à l'École mutuelle, de Gisors. Je me rendis immédiatement chez lui. C'était un bel homme, installé dans le bureau d'un des plus grands magasins de la ville. Il me raconta qu'il était le fils d'un pauvre cordonnier, d'abord assez mal élevé ; puis mieux et, enfin, placé dans la maison où je le voyais. « Je suis entré ici, me dit-il, à dix-huit ans, pour porter les paquets et balayer les magasins. Je n'en suis jamais sorti. Je suis aujourd'hui le fondé de pouvoirs de la maison, avec 25.000 francs d'appointements. *Pierre qui roule n'amasse pas de mousse.* »

QUATORZIÈME CAUSERIE.

Le Salaire (*suite*).

Formes et noms divers.

LE GRAND-PÈRE. — Reprenons notre conversation, mes chers enfants. Il y a encore beaucoup à dire. Voyons, Charles, qu'est-ce que c'est que le salaire ?

CHARLES. — C'est ce qu'on obtient en échange de son travail.

LE GRAND-PÈRE. — Sous une forme quelconque et sous un nom quelconque ?

CHARLES. — Mais oui, à ce qu'il me semble. Qu'un homme reçoive de l'argent pour bêcher la terre ou pour donner des leçons à des enfants, pour soigner des malades ou pour conduire un train de chemin de fer, pour tenir des marchandises à la disposition du public dans une boutique ou pour représenter son pays comme ministre, comme ambassadeur ou comme président de république, c'est toujours la rémunération juste ou présumée juste de sa peine et des services qu'on lui demande.

LE GRAND-PÈRE. — Sans doute, et le nom ne fait rien à l'affaire. L'avocat et le médecin appellent *honoraires* la somme qu'on leur remet pour leurs consultations ou leurs plaidoiries. Ils se trouvent donc honorés d'être payés de leurs services, et ils ont raison, si leurs services sont de bon aloi. Il en est de même d'un chef d'État, d'un général, d'un haut fonctionnaire ou d'un député qui touche un *traitement*, une *indemnité*, des *émoluments* ou des *frais de représentation*. Le salaire est partout où il y a services vrais ou supposés, et il devrait être honorable partout quand il est honnêtement gagné. Mirabeau a dit un jour: « Il n'y a que trois manières de subsister dans une société: il faut absolument être mendiant, voleur ou salarié. » Prendre aux gens, par la force ou par la ruse, ce qui leur appartient, obtenir d'eux, par la pitié, des secours bien ou mal placés, ou mériter par des services d'une nature quelconque un équivalent plus ou moins exact, il n'y a rien en dehors de ces trois termes. Et la conclusion, Paul?

PAUL. — La conclusion, c'est qu'au lieu de rougir comme certains d'être salariés, tous devraient tenir à ne vivre que de salaires, c'est-à-dire du prix de services librement rendus et librement rétribués.

Marie. — Mais, bon papa, les gens qui ont des terres, des maisons et des établissements industriels?...

Le grand-père. — Leurs terres, leurs maisons, leurs établissements sont la représentation de salaires reçus et de services rendus, s'ils ont été acquis honnêtement, et le produit qu'ils en tirent est le salaire des services qu'ils rendent actuellement en fournissant à leurs semblables, non sans peine parfois, des logements, des étoffes, des produits chimiques, du bois, du pain ou de la viande. Et c'est pourquoi Mirabeau ajoutait : « Le propriétaire lui-même n'est que le premier des salariés. » Je répète qu'il y a salaire partout où il y a travail, et même travail isolé.

Marie. — Comment cela, bon papa ? Je vois bien que Robinson, quand il a Vendredi, salarie Vendredi ; mais Vendredi ne salarie pas Robinson, et Robinson tout seul ne pouvait être salarié par personne.

Le grand-père. — En es-tu bien sûre ? Ce que Robinson tire de l'emploi de ses ressources et de ses outils, par les mains de Vendredi, est-ce que ce n'est pas le salaire de ses services ? Et ce qu'il obtenait directement de son travail, quand il était seul, est-ce que ce n'était pas le salaire de son travail ? Quand on travaille pour soi, mes enfants, on est payé *par* son produit. Le gibier du chasseur est son salaire. Quand on travaille pour autrui, on est payé *pour* son produit. Et quand je dis produit, je n'entends pas seulement un résultat matériel, j'entends la satisfaction quelconque que l'on poursuit. L'inventeur, même ruiné par ses recherches, se trouve payé parfois par la joie d'avoir réussi ; le soldat blessé, par une citation à l'ordre du jour ou un ruban ; le penseur et l'apôtre, qui se sacrifie pour le triomphe de la vérité et de la justice, a sa récompense en lui-même. Mais personne, même parmi les plus dévoués, ne travaille pour rien ; le sacrifice, quand il est sincère, se rémunère lui-même.

ADRIEN. — C'est bien intéressant ce que tu nous dis là, bon papa. Mais cela ne m'explique pas comment le salaire, celui auquel on donne communément ce nom, le salaire des employés ou ouvriers, est réglé, et comment on pourrait l'améliorer.

LE GRAND-PÈRE. — Tu as raison. Eh bien ! essayons de nous en rendre compte.

Un homme a besoin de faire faire un travail ; un autre homme est en état de faire ce travail. Le premier demande au second s'il veut lui rendre le service de travailler pour lui, ou le second propose au premier de lui rendre ce service ; mais, en échange, celui-ci réclame ou celui-là offre une compensation. Sous quelle forme : nourriture, logement, travail équivalent, ou argent, avec lequel on se procure tout cela ? Peu importe : c'est le salaire.

Et, remarquez-le bien, comme je vous le disais à propos de la monnaie, ce salaire est réciproque. Paul, qui fait creuser un fossé à Pierre, ou faire des trous pour planter des arbres, et qui lui donne pour cela trois, quatre ou cinq francs par jour, est payé par son fossé et par ses trous, comme Pierre par ses trois, quatre ou cinq francs. Donnant, donnant, comme on dit.

Mathilde. — Oui, mais c'est Paul qui fixe le prix qu'il donne à Pierre. Quand tu as fait couper du bois l'autre jour à l'homme qui est venu te demander du travail, c'est toi qui lui as dit ce que tu lui donnerais.

Le grand-père. — C'est moi qui lui ai offert un prix, comme il m'offrait son travail ; et si mon prix ne lui avait pas convenu, il était libre de ne pas l'accepter.

Mathilde. — C'est vrai. Mais il avait plus besoin de travailler que toi de faire travailler.

Le grand-père. — Assurément. Le bois qu'il a coupé ne sera pas brûlé avant deux ou trois ans et j'aurai pu le laisser tel qu'il était. Aussi était-ce un peu pour obliger cet homme, que j'avais déjà employé, que je l'ai fait couper tout de suite. Mais le contraire aurait pu arriver. Quand un orage de grêle a cassé les vitres des fenêtres ou celles des serres, et qu'il faut absolument les faire réparer en toute hâte, les propriétaires des maisons ou les jardiniers ont absolument besoin des vitriers, et ceux-ci augmentent leurs prix d'autant plus qu'ils sont obligés de faire venir en grande vitesse les verres qu'on leur demande et de les payer plus cher. C'est toujours *la loi de l'offre et de la demande*. Un Anglais, dont je vous conterai l'histoire, Richard Cobden, qui a été un grand bienfaiteur de son pays et de l'humanité, a dit : « Quand deux patrons courent après un ouvrier, le salaire monte ; quand deux ouvriers courent après un patron, le salaire baisse. » Il a dit aussi : « Le capital est le fleuve où le salaire se puise. » Il aurait pu ajouter : Le travail est la source où le capital s'alimente. Plus il y a de capitaux qui cherchent un emploi, et plus il y a de travail demandé et payé.

ADRIEN. — Cela semble évident, bon papa. Cependant il y a souvent des salaires bien insuffisants. Pourquoi les patrons, les entrepreneurs, les chefs d'usines ne les augmentent-ils pas ?

LE GRAND-PÈRE. — Ils le devraient parfois ; mais ils ne le peuvent pas toujours. Je posais un jour cette question, à un examen, à une jeune ouvrière. « Mais, Monsieur, me répondit-elle, le salaire ne dépend pas toujours du patron. Si, par générosité, en augmentant la paie de son personnel, il se ruine et fait faillite, on se trouvera sur le pavé, ce qui sera encore pire que de n'être pas beaucoup payé. »

ADRIEN. — Et de qui alors dépend le salaire ?

LE GRAND-PÈRE. — Des clients, des acheteurs. Si le public consent, comme cela arrive quelquefois, à payer certains produits très cher, s'ils ont la vogue, le fabricant, qui gagne beaucoup dessus et qui tient à profiter de cette vogue, ne manquera pas d'augmenter son salaire pour attirer de bons ouvriers; si, au contraire, l'objet n'est plus demandé, il ne pourra continuer à le vendre qu'à la condition de baisser le prix; et la réduction des salaires sera inévitable. C'est pourquoi, tout en ne se laissant pas aller à changer légèrement de métier, il est bon d'avoir l'œil ouvert sur les fluctuations du marché et d'être capable d'abandonner à temps une branche d'industrie qui dépérit, pour se porter vers une autre qui se développe.

Paul. — Et les grèves, bon papa, et la participation aux bénéfices, et la coopération, avec laquelle on prétend que l'on peut supprimer le salaire ?

Le grand-père. — Les grèves, mon ami, il ne faut pas les condamner d'une façon générale. Il y en a de raisonnables, et il y en a d'absurdes. Autrefois, elles étaient absolument interdites. C'était un crime ou tout au moins un délit très sévèrement puni que le fait de s'entendre à plusieurs, dix, cent ou mille, pour refuser le travail et pour exiger des modifications dans l'organisation des ateliers, dans la distribution de la journée ou dans la paie. C'était évidemment une violation de la liberté. On a aussi bien le droit de faire ses conditions à plusieurs que de les faire individuellement, pourvu qu'on les fasse sans violence. Je m'honore d'avoir, dans mon enseignement, contribué à faire reconnaître ce droit. Mais aujourd'hui il est reconnu partout, et, par suite, l'inégalité qui existait jadis au détriment des ouvriers n'existe plus; elle serait plutôt, dans bien des cas, renversée au détriment des patrons. Les grèves sont donc quelquefois légitimes, nécessaires même, et elles peuvent procurer des améliorations. Mais c'est quand ces améliorations sont réellement avantageuses et néanmoins refusées par l'obstination égoïste ou inintelligente des patrons. Et dans ce cas même elles sont un procédé fâcheux, parce qu'elles nuisent aux bons rapports, qui sont un des éléments de la prospérité de l'industrie, et parce qu'elles commencent par coûter beaucoup plus qu'elles ne rapportent. On a cité des métiers dans lesquels il a fallu de longues années pour payer, grâce à l'augmentation des salaires, toutes les dettes contractées pendant la grève. Donc, avant de recourir à ce procédé, il faut savoir si ce que l'on demande est possible et si cela est juste. Et puis, au nom de sa liberté, il ne faut pas porter atteinte à la liberté des autres; et c'est malheureusement ce qui est trop souvent arrivé. On ne s'est pas contenté de refuser le travail; on a prétendu contraindre à le refuser ceux qui voulaient continuer à travailler; et l'on s'est porté contre eux à des violences parfois réellement coupables. On a aussi menacé la fortune et la vie des chefs d'industrie.

Et briser des métiers, détruire des bâtiments ou brûler des marchandises n'a jamais été un moyen d'augmenter le fonds des salaires.

Quant à la participation aux bénéfices et à la coopération, ce sont des procédés qui, dans certaines industries, peuvent être très avantageux, mais qui ne peuvent pas s'appliquer d'une façon uniforme à toutes, et qui, dans aucun cas, ne suppriment réellement le salaire. Ils en modifient plus ou moins heureusement la forme. Pour qu'il y ait participation aux bénéfices, d'abord il faut qu'il y ait des bénéfices. Et il y a parfois des pertes. Pour que la participation soit équitable, ensuite, il faut qu'elle s'applique à ce à quoi le travail de l'ouvrier ou de l'employé a participé. Or, il s'en faut qu'ils participent à toute l'œuvre industrielle. Un tisserand, avec le fil et le métier qui lui sont fournis, fabrique plus ou moins de toile et de plus ou moins bonne qualité. Il n'est pour rien dans la façon dont l'ensemble de l'établissement est dirigé. Ce n'est ni par son mérite ni par sa faute que les cotons ou les laines ont été bien ou mal achetés, l'outillage mis au courant des perfectionnements nouveaux, ou laissé en arrière ; la clientèle satisfaite ou mécontentée ; les échéances convenablement échelonnés ou non, etc. Il y aurait injustice à lui faire supporter des pertes qui ne sont point de son fait, ou percevoir des bénéfices auxquels il n'a pas contribué.

PAUL. — Alors il n'y a rien à faire, bon papa?

LE GRAND-PÈRE. — Si, il y a un moyen de rendre les ouvriers d'une usine réellement participants aux bénéfices, mais aussi aux pertes de l'établissement: c'est de les rendre *actionnaires*, c'est-à-dire co-propriétaires, dans une certaine mesure, de l'actif social; et quelques industriels ont eu très heureusement recours à ce procédé en mettant à la disposition de leur personnel un certain nombre de parts. Tout ce qui peut faire comprendre et sentir la solidarité des intérêts et porter les patrons à s'occuper du bien-être de leurs auxiliaires, et céux-ci à prendre souci de la prospérité de la maison est excellent; mais rien de tout cela ne supprime le salaire.

ADRIEN. — La coopération pourtant?.....

LE GRAND-PÈRE. — La coopération ne supprime pas plus le salaire que le capital. Elle est une association de travailleurs mettant en commun de petits capitaux, s'ils en ont déjà; du crédit, s'ils en méritent; et du travail et des aptitudes professionnelles pour s'en faire, s'ils n'en ont pas encore. Mais leur qualité de copartageants ne fait pas disparaître leur qualité de travailleurs, et ce qu'ils touchent comme patrons associés ne change pas le caractère de ce qu'ils touchent comme ouvriers associés.

ADRIEN. — Mais enfin, bon papa, comment peut-on augmenter le salaire? ·

LE GRAND-PÈRE. — En augmentant le capital, d'abord, ou en le laissant s'augmenter, c'est-à-dire, avant tout, en renonçant à tout ce qui peut le détruire ou l'alarmer. En améliorant le travail, ensuite, c'est-à-dire en le rendant plus productif. Si l'industrie, grâce au perfectionnement des procédés, procure, en un temps donné et pour un effort donné, un résultat supérieur, il y aura davantage à partager, et le salaire, comme le capital, s'en trouvera bien. Si l'ouvrier, grâce à plus d'instruction, d'adresse, de conscience, obtient davantage de la même durée de présence à l'atelier, ou de la même quantité de matières premières, il aura droit à une rémunération plus forte et il l'obtiendra. Si les rapports entre employeurs et employés, enfin, sont meilleurs, et si les frottements, dans le mécanisme moral comme dans le mécanisme matériel, sont diminués, il y aura moins de pertes de force. Mettre de l'huile sur les rouages, c'est augmenter le travail utile en diminuant le travail inutile.

ADRIEN. — Une question encore, bon papa. Tout vient du travail, comme tu nous l'as dit ; par conséquent, tout doit appartenir à ceux qui ont travaillé pour le faire. Cependant voici une maison qui a été bâtie par des maçons, des charpentiers, des serruriers et des peintres ; elle n'est pas à eux, mais à un monsieur qui l'habite ou à un entrepreneur qui va la vendre. Voici des étoffes, de grande valeur peut-être, des velours, des tentures ; elles ne sont pas aux tisserands qui les ont fabriquées, mais à un industriel qui les leur a commandées. J'entrevois bien qu'il ne peut pas en être autrement ; mais je ne le vois pas clairement ; et il me semble, en tout cas, qu'il y a là quelque chose qui peut embarrasser.

LE GRAND-PÈRE. — Je suis aise que tu me poses cette question, mon ami. Il y a là un sophisme avec lequel on a fait et l'on fait encore bien du mal. Il consiste à faire croire à une partie de ceux qui ont travaillé à un produit, à un corps de métier par exemple, que c'est lui qui a tout fait, tandis qu'il n'en a fait qu'une partie et qu'il doit y avoir une multitude de parties prenantes, parce qu'il y a une multitude de parties agissantes. A côté du maçon, du charpentier et des autres que tu nommais tout à l'heure, il y a l'architecte qui a fait le plan, le carrier qui a extrait la pierre, le plâtrier qui a fourni le plâtre, les voituriers qui ont apporté les matériaux, les fabricants d'outils, de voitures, de cordages, dont on s'est servi ; et le maître de forge qui a fourni le fer, et le mineur qui a extrait le minerai ou le charbon ; et les inventeurs et travailleurs de toutes sortes sans lesquels toutes ces choses n'auraient pu être obtenues. Les maisons, en réalité, ou tels autres objets que tu voudras te représenter, sont un assemblage d'une infinité de pièces et de morceaux, le résultat d'une série de mouvements et d'efforts ajoutés les uns aux autres, et, par conséquent, leur valeur doit être divisée en un nombre incalculable de parts attribuées à un nombre incalculable de copartageants. Chacun, en somme, en se faisant payer son travail personnel, reçoit son dû sous forme de prix d'achat des matériaux, de rétribution de son temps ou de salaire de sa peine. Et l'entrepreneur ou le propriétaire qui fait bâtir la maison, l'industriel qui installe des métiers, l'ingénieur qui exécute un travail d'utilité publique n'est le possesseur définitif que parce qu'il a remboursé en détail, à chacun, sa mise proportionnelle. On pourrait dire que chacun, en touchant sa paie de la semaine ou le prix de ses matériaux, a mis dans sa poche un fragment représentatif de sa créance sur le travail d'ensemble. N'est-il pas merveilleux que, par le seul fait de la libre discussion des prix de vente et d'achat, d'offre et de demande de travail, cette répartition, en apparence impossible à faire, se fasse toute seule, sinon de façon parfaite, du moins avec une exactitude d'autant plus approchée que le débat est plus libre ?

QUINZIÈME CAUSERIE

L'Intérêt.

GABRIELLE. — Bon papa, l'oncle Charles, qui lit si bien, nous lisait l'autre jour l'*Avare* de Molière. C'est un bien vilain personnage que cet Harpagon, et bien sot avec son avarice. A quoi sert d'entasser toujours de l'argent, si l'on n'en veut rien faire ?

LE GRAND-PÈRE. — A rien, en effet. L'argent, qui ne sert à rien par lui-même, n'est utile qu'à la condition d'être dépensé, comme le pain à la condition d'être mangé ; et La Fontaine a bien dit :

> L'usage seulement fait la possession.

Mais la prodigalité, qui dépense sans compter et qui gaspille sans profit, n'est pas plus raisonnable ni plus utile; et M. Valère, le fils d'Harpagon, n'est guère plus estimable que monsieur son père. Ce sont deux défauts opposés, mais aussi tristes l'un que l'autre.

ERNEST. — C'est pour cela que l'on dit que l'argent est plat pour amasser et rond pour rouler. On l'amasse, ou on le gagne pour pouvoir le faire rouler, c'est-à-dire l'employer utilement.

LE GRAND-PÈRE. — Parfaitement, mon ami.

YVETTE. — Bon papa, je suis bien de l'avis d'Ernest, et je ne suis pas fâchée de voir Harpagon attrapé, quoique les tours qu'on lui joue ne soient pas très honnêtes. Mais il n'est pas seulement un avare, il est aussi un usurier, prêtant de l'argent à gros intérêt et ruinant les gens en les faisant dépenser plus qu'ils ne devraient. C'est un très vilain métier que l'usure, n'est-ce pas, bon papa?

LE GRAND-PÈRE. — C'est un vilain métier que celui d'usurier tel que le fait Harpagon, oui, mes enfants ; mais ce n'est pas un vilain métier que celui de prêteur, quand il est fait honnêtement. Et il est juste et naturel que celui à qui on prête quelque chose rende un service à celui qui lui procure ce dont il a besoin.

MATHILDE. — Oh! bon papa, puisqu'il peut le prêter, c'est qu'il peut s'en passer. Alors pourquoi exiger un salaire?

LE GRAND-PÈRE. — Un salaire! tu dis mieux que tu ne crois peut-être, petite. C'est un salaire, en effet, le prix d'un service, d'un travail, et c'est en même temps la compensation ou l'indemnité d'un dommage ou d'un risque.

GABRIELLE. — Comment cela, bon papa ?

LE GRAND-PÈRE. — Tu as besoin d'un outil, d'une bêche, d'une pioche, d'une charrue, d'une voiture, d'un cheval, ou tout simplement d'un manteau de voyage. Pierre te les prête. Si c'est par pure amitié, et pour un instant ou une journée, en passant, il ne te demandera rien ; ce sera une obligeance à charge de revanche. Mais si c'est pour longtemps, si, avec la pioche, la bêche ou la charrue, tu veux faire un gros ouvrage, défoncer un terrain, labourer un champ ou un jardin, avec la voiture et le cheval faire une série de courses et de transports, et avec le manteau te garantir de la pluie et de la neige pendant un long voyage, il ne serait pas juste de profiter de ces choses au détriment de celui à qui elles appartiennent sans l'en récompenser par quelque équivalent.

GABRIELLE. — Je comprends : c'est moi qui use de ce qui lui appartient, et, en en usant, je l'use. Sa bêche, sa pioche, sa charrue, sa voiture, son cheval ou son manteau auront souffert plus ou moins quand je les lui rendrai. Ce n'est pas lui qui doit supporter cette perte.

LE GRAND-PÈRE. — Dis cette usure, et tu ne diras que la vérité. Ce que le prêteur demande pour prix de son prêt n'est autre chose, au fond, que la compensation présumée de la détérioration subie par la chose prêtée, de son *usure*, ainsi que de la privation supportée par le prêteur.

Ernest. — Et du risque de perte ; car il y a des emprunteurs qui ne rendent pas ce qu'on leur a prêté, comme il y a des acheteurs qui ne paient pas ce qu'on leur a vendu. C'est pour cela que l'on dit que les tailleurs se font payer par les bons clients un supplément pour se garantir contre les mauvais, pour cela aussi qu'en ne vendant qu'au comptant, les marchands peuvent éviter une partie des risques et réduire les prix.

Le grand-père. — En sorte, mes enfants, que ce mot d'*usure*, qui a été défiguré et déshonoré par l'abus qu'on en a fait, représente, en réalité, la chose la plus naturelle et la plus légitime du monde, et que l'intérêt n'est, en réalité, que le prix d'un service.

Simone. — C'est bien clair, en effet, dans les cas que tu viens de nous citer. Si c'est moi qui porte la robe d'Yvette, c'est moi qui dois la payer ou la faire blanchir et repasser. Mais quand c'est de l'argent, est-ce que c'est la même chose ? Il ne s'use pas, l'argent. Et puis il ne travaille pas comme le cheval, la voiture ou la charrue ; et il ne produit pas comme des arbres fruitiers. Comment peut-on demander de l'argent plus que l'on n'en a prêté ?

Le grand-père. — Tu parles comme un grand philosophe, le plus grand savant de l'antiquité, Aristote ; mais tu n'en parles pas mieux pour cela. Car tout savant qu'il était, il disait une sottise, et d'autres, qui n'étaient pas aussi savants que lui, le lui ont bien montré.

SIMONE. — Ah ! bon papa, tu te moques de moi. Tu commences par me rendre glorieuse et tu m'humilies ensuite.

LE GRAND-PÈRE. — Non, chère enfant. Je veux seulement te montrer, vous montrer à tous, comment les plus sages eux-mêmes se laissent tromper par les apparences, et comment, par conséquent, il faut faire attention à bien se rendre compte des choses avant de formuler une opinion.

« L'argent n'enfante pas d'argent, » a dit le philosophe grec. Pendant des siècles on a répété sa formule. Et, sur sa parole, les jurisconsultes et les théologiens se sont obstinés à soutenir que c'était un délit et un péché de prêter de l'argent à intérêt. Ce qui n'a pas empêché les gens qui en avaient absolument besoin d'en emprunter ; mais ce qui a empêché les honnêtes gens, qui leur en auraient volontiers prêté à de bonnes conditions, de leur en prêter. Et c'est comme cela qu'on les réduisait à s'adresser à M. Harpagon ou à M Shylock, qui, n'ayant point de concurrents, faisaient la loi aux emprunteurs. Franklin, qui n'était pas une bête, et qui était un honnête homme, et même rentrès brave homme, a fait remarquer qu'avec cinq ou six louis un homme de bonne réputation peut obtenir pendant un an la disposition d'un capital de cent louis ; ce qui est assurément très avantageux. Il a dit aussi que celui qui perd une pièce de cinq francs en détruit toute la descendance, comme celui qui tue une truie ou une brebis en anéantit par avance toute la progéniture jusqu'à la millième génération.

SIMONE. — Mais une pièce d'argent ne fait pas de petits.

LE GRAND-PÈRE. — Tu parles maintenant comme le personnage qui vient emprunter de l'argent à Shylock : « Est-ce que les ducats sont des brebis, réplique-t-il à l'usurier, pour leur faire produire d'autres ducats? — Oui, certainement, » réplique l'Anglais Bentham, qui a réfuté Aristote, et qui tient presque le même langage que Franklin. Les ducats ne sont pas des brebis ; mais avec des ducats on achète des brebis et des béliers, des truies ou des vaches, qui font des petits, et, en les revendant, au bout d'une année, pour rembourser le prêteur et en lui donnant en plus une partie de ces petits, on se trouve encore plus riche de ceux que l'on a gardés et que l'on peut vendre.

LES ENFANTS. — C'est juste tout de même. Quand on emprunte de l'argent, ce n'est pas pour le mettre sous verre ou l'enterrer dans un coin en allant voir de temps en temps s'il pousse. C'est pour se procurer des instruments de travail avec lesquels on fera ce que l'on n'aurait pas pu faire sans eux : une charrue pour labourer son champ, ou du blé pour semer, et le blé, lui, poussera et donnera, comme dit l'Évangile, dix ou vingt pour un.

LE GRAND-PÈRE. — A merveille ! Et c'est précisément ce que répondait, avant Turgot, Franklin, Bentham, Bastiat et les autres, un homme qui était pourtant peu tendre, le célèbre Calvin, à Luther qui professait la doctrine d'Aristote : « J'appelle usurier, disait Luther, celui qui reçoit en remboursement plus qu'il n'a donné en prêt, si peu que ce soit ; et, comme tel, je le déclare digne de la corde. »

LES ENFANTS. — C'est celui-là qui n'était pas tendre non plus !

LE GRAND-PÈRE. — « Vous dites que l'argent ne produit pas d'argent, répliquait Calvin. La mer en produit-elle ? En sort-il des flancs d'un navire ou des murailles d'une maison ? Cependant vous trouvez tout naturel qu'on en reçoive pour l'usage d'un navire, d'une maison ou pour un voyage sur mer. Pourquoi n'en pourrait-on recevoir aussi pour le prêt d'une somme d'argent, avec laquelle on se procure toutes ces choses qui en produisent ? »

D'un métier, d'une charrue, d'une machine, de même que des bras les plus robustes et de la tête la plus intelligente, il ne sort pas d'argent, et s'ils demeurent inactifs, ils restent stériles. L'argent n'est qu'un moyen de les mettre en mouvement. « Vous m'offrez de l'argent, dit Rossi, très bien. Je vais me dépêcher de m'en défaire, car c'est de la

laine qu'il me faut pour faire marcher mes métiers. »

Yvette. — Bon papa, c'est très savant tout cela ;
peut-être un peu trop savant pour des enfants
comme nous. Est-ce que tu n'aurais pas une petite
histoire pour nous résumer tous ces beaux raisonnements ?

Le grand-père. — Si, vraiment ; et je crois que
celle-là tout le monde peut la comprendre. J'inter-
rogeais un jour, à l'un de ces cours dont je vous
ai déjà parlé, une jeune fille, qui paraissait intelligente : « Mademoiselle, lui dis-je en mettant
une pièce de cinq francs sur la table, je suppose
que je vous prête cette pièce pour un an, en conve-
nant que, dans un an, vous m'en rendrez une pareille
avec cinquante centimes en plus. Où les prendrez-
vous ces cinquante centimes ? Elle n'aura pas fait
de petits, ma pièce ? — Si, vraiment, me répondit-elle aussitôt. Avec vos cinq francs, je puis
acheter de la mercerie en demi-gros, que je reven-
drai huit francs en détail ; ou me procurer de quoi
garnir une robe, et, au lieu de vingt-cinq sous que
j'aurais gagnés pour coudre à la journée, je gagne-
rai trois francs comme ouvrière à façon. Et je re-
commencerai cela de semaine en semaine, toujours
grâce à vos cinq francs. Il est bien juste que je vous
donne une petite part du bénéfice que vous me
permettez de faire en vous privant de l'usage de
votre argent. »

Yvette. — Elle n'était pas sotte cette jeune fille.

Le grand-père. — Pas sotte du tout, comme vous allez le voir. « Mais, mademoiselle, ajoutai-je, vous aimeriez mieux ne me donner que vingt-cinq centimes au lieu de cinquante. Plus l'intérêt est bas, et plus les emprunteurs sont satisfaits. — Cela dépend, monsieur, reprit-elle ; si l'intérêt est bas parce que les affaires ne vont pas, il n'y a pas lieu de s'en réjouir. J'aime mieux payer dix pour cent, si j'en gagne vingt, que d'en payer trois, si je n'en gagne que quatre. »

Charles. — En ce cas, bon papa, ce n'est pas le taux de l'intérêt qui le rend excessif.

Le grand-père. — Non, mes enfants, ce sont les circonstances. Celui qui abuse de la crédulité d'un emprunteur pour lui faire faire une sottise, même avec de l'argent prêté gratis, est un misérable. Celui qui demande un gros intérêt pour risquer son argent dans une affaire qui, si elle réussit, fera la fortune de son emprunteur, peut être le plus honnête homme du monde. Il n'est, en réalité, qu'un associé qui partage les chances de gain avec les chances de perte.

SEIZIÈME CAUSERIE

Les Machines.

Yvette. — Bon papa, tu ne nous as jamais dit comment, quand on n'avait pas encore d'outils, on s'y était pris pour en faire.

Le grand-père. — C'est vrai, ma chérie ; et j'aurais d'autant moins dû l'oublier que c'est ton papa, mon pauvre Jacques, qui, le premier, quand il était encore bien jeune, m'a adressé cette question.

Tous. — L'oncle Jacques ?

Le grand-père. — Oui, mes enfants. C'était au bord de la mer, à Pornic. On bâtissait une maison. Nous nous étions arrêtés à regarder les ouvriers. Il y en avait qui montaient des pierres avec des cordes et des poulies, et il y en avait d'autres qui coupaient le fer avec de grandes cisailles ou taillaient le bois avec des haches et des scies. Et je faisais remarquer à l'enfant comment, avec ces instruments, ils faisaient facilement ce que sans eux il leur aurait été bien difficile, parfois impossible de faire.

GABRIELLE. — Oh ! oui, bon papa. C'est ce que nous observions l'autre jour, en regardant un de ces grands échafaudages que l'on dresse autour des maisons en construction. Un homme, en tournant une manivelle, faisait monter jusqu'à la hauteur d'un quatrième étage des blocs de pierre que sans ce moyen tous ses compagnons et lui n'auraient pu soulever. Comme il faut que les machines produisent de la force !

LE GRAND-PÈRE. — Eh bien ! non ; les machines ne produisent pas de force.

MATHILDE. — Oh ! par exemple ! Avec ma petite voiture j'ai traîné André, qui est si lourd ; et sans elle je ne pourrais pas le faire changer de place.

LE GRAND-PÈRE. — Avec ta petite voiture, Mathilde, qui a des roues, tu évites le frottement du corps de ton frère sur le sol, et tu diminues la résistance à vaincre. Si au lieu de la tirer sur le gravier du jardin, tu la tirais sur le bitume ou encore mieux sur la glace, le frottement serait bien moindre et tu pourrais traîner avec lui Charles et peut-être Paul.

MATHILDE. — Ah ! oui. Et c'est pour cela, n'est-ce pas, que sur les rails du chemin de fer et sur l'eau des rivières et des canaux on peut transporter des charges si considérables ?

LE GRAND-PÈRE. — Précisément. Et puisque tu cites ces exemples, voulez-vous avoir une idée de la différence ?

Tous. — Oui, oui !

LE GRAND-PÈRE. — Soit. On a calculé, ou plutôt observé qu'un homme portant un fardeau sur son dos, un portefaix ou un colporteur, ne peut guère prendre plus de 20 à 30 kilogrammes. S'il met la charge sur un cheval, qui est une machine vivante, ce sera dix fois autant, ou 200 kilogrammes. Si le cheval est attelé à une bonne voiture, sur une bonne route, ce sera encore dix fois autant, ou 2000 kilogrammes. Et s'il tire un bateau qui glisse presque sans frottement sur la surface de l'eau, ce sera 200000. La force du cheval n'aura pas changé ; mais elle aura été mieux employée, parce qu'elle n'aura plus à vaincre la même résistance.

CHARLES. — Je comprends bien cela, bon papa. Mais dans l'exemple de l'homme qui élève à lui seul un bloc de pierre de 1000 kilogrammes, la résistance n'a pas changé : il y a toujours 1000 kilogrammes à soulever. Comment cet homme, qui n'en pourrait pas porter longtemps sur ses épaules plus du dixième, du vingtième peut-être, parviendrait-il à faire monter ce poids énorme si la machine ne multipliait pas ses forces ?

PAUL. — C'est qu'elle divise l'effort, n'est-ce pas, bon papa ? Quand tu as abattu un arbre dans ton jardin, ou coupé une très grosse branche, et

que tu veux les emporter, tu ne t'épuises pas à
essayer de les tirer; tu les coupes en plusieurs
morceaux, dont aucun n'est trop lourd pour toi;
et, au lieu de porter la charge en une fois, tu la
porte en dix, en vingt, mais tu la portes toujours
tout entière.

Le grand-père. — C'est bien cela, mon Paul;
et l'on voit bien que tu es l'ingénieur de la famille.
De petits coups de hache, a dit Franklin, abattent
un grand chêne. Et avec ses petites dents une
souris, à force de ronger de petits morceaux, coupe
un gros câble. Les appareils à élever les fardeaux
font demême. Grâce aux roues et aux cordages qui
transmettent de proche en proche le mouvement
imprimé à la manivelle par le bras de l'homme,
ce mouvement se trouve divisé en une infinité de
petits mouvements dont chacun fait avancer le
poids d'une quantité imperceptible, et, peu à peu,
en y mettant le temps, le bloc arrive en haut. Mais
il est bien évident que tous les mouvements sont
sortis de la main de l'homme. Le bois, le fer et
les cordages dont l'appareil est fait n'ont pu en produire. Ils ne peuvent que recevoir et communiquer
l'impulsion qui leur est donnée.

Charles. — Oui; mais les machines à vapeur,
les moulins à vent, les navires à voiles et les voitures électriques !

Le grand-père. — Ah ! cela c'est autre chose.
Ce sont des forces naturelles, étrangères à

l'homme, dont il est parvenu à s'emparer, et qu'il fait travailler pour lui. Elles font ce qu'il ne pourrait faire. Mais, petites ou grandes, les appareils au moyen desquels on les utilise ne font que les employer; ils ne les augmentent pas.

Mais voilà des réflexions bien sérieuses, quoique bien simples; et nous n'avons toujours pas répondu à la question d'Yvette. Il faut y revenir. C'est que je tenais à vous dire des choses que j'aurais pu oublier. Et puis ce n'est pas très facile à expliquer, et j'étais bien aise d'y penser un peu.

Nous n'y étions pas quand on a fait le premier outil, et nous ne pouvons faire à ce sujet que des suppositions. Mais ce sont des suppositions que l'on peut bien regarder comme des certitudes; et la preuve, c'est que c'est vous, mes chers petits, qui allez faire vous-mêmes la réponse à votre question.

Voyons, supposez que vous n'avez rien, ni couteau, ni marteau, ni bêche, ni filet, ni échelle, et que vous vouliez manger un fruit qui vient de tomber d'un arbre, une noix, par exemple, enfermée dans sa coque dure. Comment ferez-vous?

Tous. — Oh! bon papa, c'est bien simple; et le singe de la fable, qui n'était qu'un singe, l'a bien trouvé. Nous prendrons une pierre et nous frapperons avec. Ce sera comme si nous avions un marteau.

Le grand-père. — Et ce sera un marteau, en

effet, le premier marteau dont on se soit servi. Mais les marteaux ont des manches. Celui-là en avait-il un ?

CHARLES. — Certainement. C'était le bras avec lequel on soulevait la pierre et on la laissait retomber.

LE GRAND-PÈRE . — Parfaitement. Et pour avoir le marteau, ou plutôt les marteaux de toutes sortes que nous connaissons, il n'y a eu qu'à ajouter au bras une rallonge, qui a permis d'élever davantage la pierre ou le corps dur qui la remplaça et de les laisser retomber plus lourdement. On a, par exemple, enfoncé un bâton dans le trou d'une pierre naturellement percée ; puis, avec ce marteau moins imparfait, quand on a su fondre ou ramollir les métaux par le feu, on a façonné d'autres marteaux plus commodes et plus puissants : celui du menuisier, celui du forgeron, celui du vitrier, ou du bijoutier ; et jusqu'au gigantesque marteau-pilon, qui pèse jusqu'à 100000 kilogrammes et avec lequel on peut, à volonté, enfoncer un bouchon dans le goulot d'une bouteille sans la broyer, briser la coque d'une noix sans écraser l'amande, ou pétrir comme de la pâte de jujube les plus énormes masses de fer ou d'acier incandescent, et réduire en poussière les blocs de granit les plus durs.

C'est toujours le même outil, au fond : un corps lourd que l'on soulève et que l'on fait retomber sur d'autres corps.

Tous. — C'est vrai. Alors c'est un singe qui a inventé le premier outil?

Le grand-père. — Je ne dis pas cela. Il n'y a pas des singes partout; et partout les hommes ont eu l'idée de se servir d'un corps dur et pesant pour briser ou écraser; bien que ce ne soit que dans quelques pays comme le nôtre qu'ils aient perfectionné ce premier marteau comme nous l'avons fait. Mais nos outils, pour la plupart, ont été imités de ceux que possèdent les animaux.

Mathilde. — Les animaux ont des outils! Tu veux rire, bon papa.

Le grand-père. — Pas du tout. Le castor, avec sa queue plate en forme de battoir, enfonce des pieux; c'est un outil. La taupe, avec ses pattes, fouille le sol et se fait des galeries; ce sont des pelles. L'écrevisse, avec les siennes, saisit sa proie; c'est une pince ou une tenaille. Certains oiseaux, avec leur bec, creusent des trous dans les arbres; c'est un pic; et l'un d'eux a précisément été appelé de ce nom, le pic ou pivert. Tous, en réalité, ont des instruments, des organes appropriés à leurs besoins. L'homme n'a que ses doigts et ses dents. Mais, grâce à son esprit d'observation et d'imitation, il a pu se donner à lui-même ces organes qu'il n'avait pas. Et, grâce à la forme de sa main, qui lui permet de prendre et de quitter à volonté les objets, il n'est pas condamné, comme les animaux, à porter toujours avec soi ses outils et réduit à n'en posséder qu'un seul ou un petit nombre. Il peut les avoir tous à sa disposition les uns après les autres; les prendre et les laisser quand cela lui convient.

SIMONE. — Oh ! la belle chose ! De cette façon l'homme, qui semblait le plus dépourvu et le plus exposé des animaux, finit par être le mieux pourvu et le mieux armé ?

LE GRAND-PÈRE. — Oui, mes enfants. Et c'est ainsi qu'il devient, comme on le dit vulgairement, le roi de la création. C'est grâce à ces outils de toutes sortes, qui lui permettent de prendre à son service la force du vent, le courant de l'eau ou l'action de la vapeur et de l'électricité, qu'il peut fouiller le sol pour en extraire les pierres et les métaux, percer les rochers, creuser des galeries sous les fleuves ou sous les mers, et changer en quelque sorte à volonté la surface de la terre. Et c'est ce qui a fait dire à Franklin que l'homme est un animal qui se fait des outils. J'ai dit, moi, quelquefois que c'est un animal paresseux, et que c'est pour cela qu'il travaille.

LES ENFANTS. — Oh ! voilà qui est drôle, bon papa !

LE GRAND-PÈRE. — Oui, n'est-ce pas ? Et pourtant c'est vrai. C'est pour nous épargner de la peine que nous cherchons à nous procurer des instruments avec lesquels nous faisons plus facilement ce que nous avons à faire; mais pour cela il faut réfléchir et il faut, avant de diminuer notre peine, commencer par prendre celle de préparer nos moyens de travail perfectionné, fabriquer nos outils, façonner une pioche, une bêche, une charrue, une voiture, un bateau, et ainsi de proche en proche, sans jamais nous arrêter. C'est ce que l'on a appelé *la loi du moindre effort*. Cela est bien simple. Nous verrons pourtant un de ces jours que l'on n'a pas toujours eu la sagesse de le comprendre.

DIX-SEPTIÈME CAUSERIE

Les Machines (*suite*).

PAUL. — Bon papa, tu nous as montré, l'autre jour, comment les machines, ou plutôt les outils, en rendant possible ou facile ce qui était impossible ou difficile, ont été les instruments nécessaires du progrès. Cela est bien évident. Si nous n'avions, pour gratter la terre et y enfouir des semences, que nos mains ou quelques bâtons pointus nous ferions de pauvres récoltes et nous ne mangerions guère de pain. Cependant on entend tous les jours se plaindre des machines. Beaucoup d'ouvriers disent qu'elles leur enlèvent leur travail. Et, en effet, là où une moissonneuse ou une batteuse, avec deux ou trois hommes, font en deux jours l'ouvrage qui, sans elles, aurait demandé dix ou douze jours et employé dix hommes, il semble bien que ces machines ont enlevé du travail aux faucheurs et aux batteurs. Je sens bien qu'il n'est pas possible de condamner le progrès et de nous refuser à diminuer notre peine ; mais je voudrais une réponse à ces objections.

LE GRAND-PÈRE. — Tu as raison, mon Paul, il faut toujours tâcher de voir clair. Tu as raison aussi de penser qu'on ne peut songer à arrêter le progrès, et forcer les hommes à se donner toujours autant de mal. Il s'agit donc de savoir si réellement les machines font du tort aux ouvriers, si l'on peut se passer d'elles, et si leurs inconvénients, en admettant qu'elles en aient, peuvent compenser leurs avantages. Pour cela, demandons-nous d'abord ce que c'est qu'une machine. Voyons, toi, Ernest, dis-moi ce que c'est, à ton avis, qu'une machine.

ERNEST. — Une machine, bon papa, c'est une combinaison de pièces de fer, de bois ou de cordes que l'on met en mouvement au moyen de l'eau, de la vapeur ou de l'électricité, ou encore par le travail des animaux, comme un moulin, une locomotive, un métier à tisser, une faucheuse ; c'est un outil ou une réunion d'outils qui marchent tout seuls.

LE GRAND-PÈRE. — Pas trop mal répondu. Oui, une machine est un outil ou une collection d'outils. Et un outil, de son côté, est une machine. Ou plutôt entre ce que nous appelons outil et ce que nous appelons machine, il n'y a qu'une différence de degré ou de puissance. La machine est un outil agrandi ou perfectionné. Et c'est ce qui faisait dire à un ouvrier anglais que les machines c'est tout ce qui sert à l'homme pour travailler, en plus de ses dents et de ses ongles.

PLUSIEURS. — Oh ! bon papa, une aiguille. une paire de ciseaux, un marteau, un plantoir. seraient des machines ?

LE GRAND-PÈRE. — Oui, mes enfants; pas dans le sens de la langue courante, qui emploie des mots différents pour désigner des instruments différents, mais dans la réalité. Vous parlez d'outils, de machines, de machines-outils, et vous savez tout de suite, sans avoir besoin d'explication, de quelle sorte d'instruments il est question. Les uns sont de petits instruments, que l'homme peut manier directement et mettre en mouvement par sa seule force, comme la scie, la bêche, la pioche ou la lime. Les autres sont de puissants appareils ou des appareils délicats et compliqués, comme la machine à vapeur, le marteau-pilon, la montre ou le télégraphe électrique. Les autres, enfin, tiennentdes deux : c'est une force extérieure à l'homme, mais toujours pourtant commandée par lui, l'eau, la vapeur, l'électricité, qui les met en mouvement; mais c'est la main de l'homme qui dirige et guide le travail : gravure, tournage, rabotage, poinçonnage ou découpage. De toutes façons et dans tous les cas, il s'agit toujours d'arriver à faire ou à faire plus facilement et mieux ce que, sans ces instruments, on ne ferait pas ou l'on ferait mal et avec peine; et ce ne sont que des différences de plus ou de moins.

YVETTE. — Quoi, bon papa, cette grosse locomotive qui pèse cinquante mille kilogrammes et qui traîne cinquante wagons chargés de monde et de marchandises, c'est la même machine que le petit chariot dans lequel je fais traîner ma poupée par le petit chien et celui que Charles fait tirer par des colimaçons ?

LE GRAND-PÈRE. — Certainement. De même, nous l'avons déjà vu, que le marteau-pilon qui pèse cent mille kilogrammes n'est que le fils ou le petit-fils du caillou avec lequel le singe de la fable brise la coque de la noix, et la couseuse à vapeur le perfectionnement de l'épine ou de la pierre pointue dont un sauvage s'est servi pour passer un filament d'écorce ou une lanière de peau dans la toison qu'il voulait fixer sur ses épaules. Notre grand poète Victor Hugo a exprimé cette idée dans de beaux vers où il a bien montré cette progression de l'outillage humain :

> L'homme est d'abord monté sur la bête de somme;
> Puis sur le chariot que portent des essieux;
> Puis sur la frêle barque au mât ambitieux;
> Puis, quand il a fallu franchir le vent, la lame,
> Le noir ouragan, l'homme est monté sur la flamme.

Partout, nous pourrions ainsi, en sens inverse, remonter des plus merveilleuses inventions et des plus puissants mécanismes jusqu'aux premiers procédés et aux premiers instruments bien imparfaits dont les hommes se sont servis. Ce serait là une histoire bien intéressante.

Mais il faut en revenir à la question posée par Paul et voir si réellement les machines font du tort aux ouvriers en leur enlevant leur travail et, par conséquent, le salaire de leur travail.

Quelquefois, oui ; il serait excessif de le nier. Mais quelquefois seulement, et surtout d'une façon passagère et pour leur procurer des avantages durables et supérieurs. Toute machine, ou, pour parler plus exactement, toute invention, tout procédé, toute modification dans la façon de travailler, par cela seul que c'est un changement, dérange plus ou moins les hommes habitués aux anciens procédés.

Même lorsque la besogne nouvelle est plus simple et plus facile, il y en a qui ont de la peine à s'y faire et qui abandonnent leur métier. Dans beaucoup de cas, et c'est évidemment pour ce motif que l'on y a recours, le même travail exigeant moins de bras, un certain nombre de ceux qui s'y livraient ne sont plus nécessaires ; et, s'il n'y a pas de raisons de développer leur genre de travail, ils peuvent se trouver sans emploi. Mais il y en a, nous allons le reconnaître, où il se produit, par le fait même du changement survenu, d'autres demandes d'emploi. C'est, comme l'a dit Bastiat, ce qu'on ne voit pas, et qu'il faut voir, à côté de ce que l'on voit.

ADRIEN. — Ah ! oui, bon papa, quand on peut faire les choses plus facilement et à meilleur marché, elles sont plus demandées, et alors il faut autant de monde et parfois davantage pour les faire, quoiqu'avec moins de peine. Par exemple, quand on a inventé les métiers à filer et à tisser, les étoffes de coton et de laine ou de lin ont baissé de prix ; on en a fabriqué des centaines et des milliers de fois plus, et le nombre des ouvriers tisseurs et fileurs, au lieu de diminuer, a augmenté considérablement.

LE GRAND-PÈRE. — En effet, et beaucoup plus que que tu ne le penses. Il n'y en avait que huit à dix mille, il y a cent quarante ou cent cinquante ans, en Angleterre, avant l'invention des métiers à filer et à tisser. Il y en a vingt ou vingt-cinq fois autant aujourd'hui. Les manufactures alimentent toute une armée de maçons, de charpentiers, de mécaniciens et de marins. Et en même temps que la quantité d'étoffes augmentait, c'est-à-dire que les hommes étaient moins mal vêtus, le salaire des ouvriers, loin de diminuer, s'élevait graduellement. Pour certaines étoffes, ainsi que le constatait M. Léon Say, à Reims, en présence des ouvriers de cette industrie, le salaire, il y a une quinzaine d'années, avait doublé, et le prix auquel les consommateurs pouvaient se procurer ces étoffes était devenu onze fois moindre. Dans des proportions diverses, on peut citer partout des faits analogues. Malheureusement, il faut bien le dire, ce changement, tout favorable et inévitable qu'il soit, ne s'accomplit pas toujours sans souffrance. Et cela a été le cas, au début, pour les pauvres fileurs et tisseurs à la main, ou du moins pour une partie d'entre eux, qui n'ont pas su ou pas voulu se plier aux exigences nouvelles de leur industrie. Ceux-là même cependant, s'ils souffrent momentanément d'un côté, profitent de beaucoup d'autres et d'une façon permanente ; car toutes les inventions antérieures, toutes celles au moyen desquelles on a simplifié d'autres fabrications, les servent à toute heure. Et si l'on voulait supprimer tous les changements qui dérangent ou blessent les uns ou les autres, il faudrait renoncer à tout ce qui nous a fait sortir de la misère primitive.

CHARLES. — Tout de même, bon papa, le progrès peut amener des souffrances passagères. Les pauvres fileurs à la main avaient sans doute de la peine à se consoler de leur détresse en pensant que la fileuse mécanique permettait à leurs concitoyens de se mieux vêtir.

LE GRAND-PÈRE. — Sûrement, mon ami. Cependant il ne faudrait pas trop se laisser prendre aux apparences. Ces pauvres fileurs et tisseurs si malheureux n'étaient pas tous des victimes du progrès. La plupart étaient des nouveaux venus, autrefois plus misérables encore, qui, lorsque les anciens fileurs avaient quitté leurs vieux métiers pour les métiers perfectionnés, avaient pris leur place et avaient plutôt monté que descendu. Cela a été constaté dans une grande enquête dirigée par un économiste anglais, M. Senior. Je ne fais pas cette observation pour vous rendre indifférents à leurs souffrances ; mais parce qu'il faut toujours tâcher de voir les choses telles qu'elles sont réellement et sans exagération.

YVETTE. — Mais, bon papa, quand il se fait de nouvelles inventions et qu'il se crée de nouvelles industries, où trouve-t-on du monde pour y travailler ? Par exemple, tu nous as dit que, dans ton enfance, il n'y avait pas de chemins de fer, presque pas de machines électriques, pas de câbles sous-marins, de téléphones, de phonographes, et nous qui ne sommes pas vieux, nous avons vu se développer et presque naître l'industrie des vélocipèdes et celle des automobiles. Tous ces travaux, qui ne se faisaient pas autrefois, ont exigé et exigent des milliers et des milliers de bras. On dit que les chemins de fer seuls, en France, occupent une armée de trois cent mille hommes. Où a-t-on pris tout ce personnel nouveau ?

LE GRAND-PÈRE. — Dans l'ancien, mon enfant ; et c'est bien la preuve que le progrès, en allégeant le travail et en le rendant plus fécond et plus productif, ne le supprime pas, mais le développe, au contraire. Dans certaines industries, comme dans les industries textiles ou dans celle de l'imprimerie, qui a succédé à celle des copistes, et sans la supprimer encore, c'est sur place que cette demande de bras se produit. Dans d'autres, comme dans celles que tu viens de citer, c'est par un déplacement, qu'elle a lieu. La culture, par exemple, grâce à l'emploi des machines, ne demande plus autant de bras ; ce sont des recrues disponibles pour les chemins de fer, pour les télégraphes, pour la photographie, pour l'électricité, pour la chimie, la physique ou la mécanique. Peu à peu, en devenant plus perfectionnés, les anciens travaux mettent à pied une partie de leur personnel ; mais à mesure d'autres travaux font appel à ces licenciés de la veille, souvent même les disputent à leur premier métier ; et c'est ainsi que le progrès se réalise. Celui qui était terrassier ou charretier devient mécanicien ou conducteur de chemin de fer, et, de proche en proche, l'humanité se dégage de sa servitude primitive.

Ernest. — Tout de même, bon papa, si les machines produisent davantage, est-ce qu'elles ne font pas payer bien cher cette augmentation de richesse ? Je n'ai pas vu beaucoup de fabriques ; mais il me semble que la vie que l'on y mène est bien dure, et que l'on n'a pas toujours eu tort de prétendre que les machines asservissent les ouvriers. Quand on voit ces hommes, ces femmes et ces enfants enfermés toute la journée et, dans certains cas, toute la nuit, dans des ateliers où l'air manque, où la chaleur est excessive, obligés d'aller constamment d'une machine à une autre, ou de surveiller des métiers qui ne permettent pas un instant de distraction, on est pris réellement d'une grande pitié pour eux, et l'on est bien tenté de maudire ces appareils dont ils sont contraints de suivre sans relâche tous les mouvements.

LE GRAND-PÈRE. — On les a maudits, en effet, et l'on n'a pas eu toujours tort. Cependant, si on y avait réfléchi davantage, on y aurait reconnu que tout le mal dont on se plaignait n'était pas le résultat naturel et nécessaire du perfectionnement de l'outillage, mais de la maladresse, de l'ignorance ou de la cupidité des hommes. On aurait même reconnu que, loin d'imposer le surcroît de travail, le surmenage excessif que l'on déplorait, le progrès des instruments, en rendant le travail plus productif, c'est-à-dire en diminuant la peine pour un résultat donné, permettait de réduire effectivement cette peine et d'obtenir à la fois plus de bien-être et plus de loisir. Je devrais ajouter qu'il le commandait, et qu'en réalité il a commencé à l'imposer. Vous avez entendu parler de la journée de huit heures. Ce n'est que dans les pays où l'industrie s'est développée que l'idée est venue aux ouvriers et aux patrons (car ce ne sont pas les ouvriers seuls qui y ont pensé), qu'il serait possible et même avantageux de réduire peu à peu le nombre d'heures employées à l'atelier. Mais nous en avons dit assez pour aujourd'hui, et c'est là une question trop importante pour être traitée en quelques mots.

DIX-HUITIÈME CAUSERIE

Les Machines (*fin*).

LE GRAND-PÈRE. — Mes chers enfants, je vous ai dit plusieurs fois qu'il faut toujours prendre garde de se laisser tromper par les apparences, et tâcher de voir les choses comme elles sont réellement. Je vous ai dit aussi que tous les progrès se paient et qu'il n'est pas au pouvoir de l'homme de supprimer le mal, mais seulement de le réduire en le déplaçant. J'aurais pu ajouter (je l'ai peut-être fait) que nous devenons d'autant plus exigeants que nous souffrons moins, et que, naturellement, comme l'a dit Rossi, nous trouvons beaucoup plus insupportables les misères du temps présent, parce que c'est nous qui en souffrons, que les misères du temps passé, parce que ce sont nos pères, qui ne sont plus là pour se plaindre, qui ont eu à en souffrir. Mais nous avons les témoignages qu'ils nous ont laissés; et quand nous avons vécu un peu longtemps, comme votre vieux grand-père, nous avons des souvenirs personnels qui nous permettent de comparer la société d'autrefois à la société d'aujourd'hui. Or, quand on fait cette comparaison, si sévère que l'on soit pour la société d'aujourd'hui, si désireux que l'on puisse être de la voir débarrassée de ses tares et de ses douleurs, on est bien obligé de convenir que les années n'ont pas marché en vain, et que nos pères n'étaient pas plus heureux que nous.

Tu t'apitoies avec raison, Ernest, sur les trop longues et trop dures journée des ateliers, sur les opérations pénibles ou malsaines qu'exigent certaines industries, et, d'une façon générale, sur le triste sort d'une trop grande partie de la population. Rappelle-toi ce passage de La Bruyère dans lequel, en face de la gloire de Louis XIV, il montre la masse des paysans comme des troupeaux d'animaux mâles et femelles, noirs, livides, tout brûlés du soleil, qui grattent la terre avec opiniâtreté, et, quand ils se relèvent, montrent une face humaine. Ils se retirent, la nuit, dans des tanières, où ils vivent de pain noir et de racines, sans avoir toujours la satisfaction de ne pas manquer tout à fait du grain qu'ils ont produit. Et ce n'est pas La Bruyère seul qui fait ainsi honte à son siècle ; c'est Fénelon, disant au grand roi que son royaume n'est qu'un hôpital affamé et sans provisions ; c'est Racine et Vauban, disgraciés par lui, malgré leur gloire et leurs services, pour lui avoir représenté l'état lamentable de la population ; c'est Boisguilbert, condamné pour avoir exposé à tous les regards, dans un de ses livres, ce qu'il appelait « le cadavre de la France » ; ce sont les intendants des provinces, enfin, des fonctionnaires, les Lesdiguières et les autres, montrant les paysans réduits à brouter l'herbe des champs et l'écorce des arbres.

LES ENFANTS. — Oh ! bon papa, est-ce que c'est possible ?

LE GRAND-PÈRE. — Trop possible, malheureusement. On cite un gouverneur de Bourgogne répondant aux gens de la campagne qui étaient venus lui demander du pain : « Retournez dans vos villages ; l'herbe commence à pousser. »

LES ENFANTS. — Il y a longtemps ? On ne pourrait plus voir cela aujourd'hui ?

LE GRAND-PÈRE. — Non, en France ; et c'est une des preuves de la supériorité des temps présents. Mais on le voit encore ailleurs : dans l'Inde, en Russie, etc. En 1819, un député, M. Voyer d'Argenson, combattant une proposition de loi qui tendait à augmenter le prix du blé, pouvait dire : « J'ai mis en herbier, il y a deux ans, pendant la famine de 1817, trente-deux espèces de plantes des champs dont nos paysans essayaient de se nourrir. Ils en tenaient la tradition de leurs pères, instruits par les famines antérieures. Ces plantes ne sont pas encore complètement séchées ; et vous songez déjà à faire des lois pour renchérir la nourriture du peuple ! » Un autre d'Argenson raconte que le Régent avait apporté au conseil du petit roi Louis XV du pain de fougères, en lui disant : « Voilà, Sire, de quoi vos sujets se nourrissent ! »

Gabrielle. — Aujourd'hui au moins tout le monde mange du pain, et du pain blanc, excepté les pauvres qui ne peuvent rien gagner, et encore on leur en donne.

Le grand-père. — Tout le monde ? Non, mon enfant. Il y a encore beaucoup de régions où l'on ne connaît guère le pain de froment ; on y mange des châtaignes, du maïs, qui donne souvent une affreuse maladie, la « pellagre », ou du sarrazin. Et de plus, nous le verrons, il y a encore des lois pour renchérir le pain et pour empêcher ceux qui en manquent d'en avoir suffisamment. Mais, malgré tout, les hommes sont mieux nourris, et s'il y a parfois des chertés, il n'y a plus de famine possible.

Gabrielle. — C'est beaucoup, bon papa. Mais cela ne remédie que bien imparfaitement aux misères des ateliers.

Le grand-père. — Sans doute. Aussi l'amélioration que je signale, et qui, encore une fois, ne doit pas trop nous enorgueillir, n'est-elle pas la seule. Ces paysans peints par La Bruyère, ils n'avaient ni chemise ni souliers, pas souvent de sabots, jamais de vêtements de laine ou de coton; hiver comme été, de mauvaises toiles pour couvrir leur nudité ; pour labourer, un mauvais bout de bois armé d'un morceau de fer, et pour moissonner des faux mal trempées ou des faucilles avec lesquelles il fallait se courber jusqu'à terre. Vous savez comment, aujourd'hui, on défonce le sol; on arrache les pommes de terre et les betteraves à la mécanique ; on moissonne et l'on bat à la vapeur. Si dur que ce soit (et c'est dur une journée de battage sous le grand soleil du mois d'août), c'est un grand adoucissement par rapport à la tâche d'autrefois et au battage au fléau.

ERNEST. — Oui, bon papa. Mais tu nous parles toujours des paysans, et c'est des ouvriers des fabriques que je t'ai parlé.

LE GRAND-PÈRE. — Je ne les oublie pas. Le dénûment que je viens de rappeler, ce manque de vêtements, de chaussures, d'alimentation, il était le même pour les ouvriers des villes que pour les paysans. Et pour eux comme pour ceux-ci, les procédés actuels et l'outillage actuel, si pénibles qu'ils soient encore, ont été des soulagements considérables. Toute la besogne du meunier se faisait à force de bras. Le boulanger qui, aujourd'hui, prépare la pâte avec un pétrin mécanique, et l'enfourne dans un four chauffé par l'extérieur, pétrissait à bras, en geignant; d'où son nom de geindre, et entretenait directement la flamme du

four, qui parfois tirait la langue et l'asphyxiait.
Tous les gros ouvrages de forge, de martelage, de
perçage et de transport de grosses pièces qui se
font aujourd'hui automatiquement, ne pouvaient
s'accomplir, quoique dans de bien moindres proportions, qu'à force de bras et au risque des plus
grands dangers.

Yvette. — La vie était bien dure alors !

Le grand-père. — Bien dure, en effet, et le mot
vivre de privations, qui est encore vrai pour un
trop grand nombre, l'était pour presque tous. Il
fallait ou se passer d'une foule de choses dont
même les pauvres ne se passent plus, ou les obtenir au prix d'efforts et de sueurs dont l'idée nous
ferait reculer aujourd'hui. La navigation, que la vapeur a rendue relativement si facile, et qui pourtant coûte encore la vie à tant de gens, c'était un
métier de galériens, non pas seulement pour les
condamnés, qui ramaient enchaînés sur les galères
du roi, mais pour tous les matelots. Il fallait monter au sommet des mâts par les tempêtes pour
carguer ou larguer les voiles, rester des mois en
mer sans nourriture fraîche, et souffrir la faim et
la soif. Quand on bâtissait une maison, au lieu de
ces appareils qui montent les matériaux, les
hommes et les femmes (car il y avait des femmes
qui servaient les maçons) se rangeaient les uns
au-dessus des autres, le dos appuyé aux échelles,
et, de mains en mains, en les prenant en bas et en

les élevant par-dessus leurs têtes à la portée des autres, ils les faisaient arriver en haut. Vous jugez si c'était pénible !

SIMONE. — Et dangereux, n'est-ce pas ? Car ils pouvaient perdre l'équilibre ou laisser échapper les pierres et les briques, qui retombaient sur les camarades.

LE GRAND-PÈRE. — Cela arrivait, en effet. C'était également à l'échelle que les manœuvres montaient les seaux d'eau, et sur leur tête qu'ils apportaient jusqu'en haut, dans de grandes auges, le plâtre, le mortier et le reste. Pour extraire la pierre et l'amener à la surface, on ne s'y prenait pas mieux. Dans mon enfance et même dans ma jeunesse, on pouvait voir dans les champs, autour de Paris, du côté de Gentilly, par exemple, de grandes roues sur lesquelles, des hommes grimpaient pour les faire tourner, comme des écureuils dans leur cage. C'était le moyen employé pour faire monter les grosses pierres que l'on avait taillées dans la carrière. Dans d'autres industries, c'était différent, mais bien primitif aussi. Pour tondre les draps, on employait de grands ciseaux si lourds qu'on les appelait des *forces*, parce qu'il fallait être fort pour les manier. On fait maintenant passer les pièces d'étoffe, même les plus délicates, comme les rubans bleus ou roses, devant une flamme de gaz si bien réglée qu'elle brûle le duvet sans roussir la couleur. Dans la laine que l'on emploie pour faire des vêtements, il y a des corps étrangers, des *pailles*, des *nœuds*, qui gênent le travail ou altèrent le tissu. C'étaient des ouvriers qui, en passant la laine dans leurs dents, l'en débarrassaient. On les appelait des *macleurs*. Ce vilain, malpropre et malsain procédé a été supprimé par le peignage mécanique et l'épaillage chimique, qui débarrassent la laine sans que la main ait à y toucher. Ce ne sont là que des exemples pris au hasard, et je pourrais vous en citer des milliers. Il n'y a pas un atelier qui ne nous en fournisse (1).

ERNEST. — C'est vrai, et je sais bien qu'il y a eu de grands progrès. Mais cela n'empêche pas que la vie de l'atelier ne soit bien pénible, et que l'ouvrier, contraint de suivre le métier qu'il dirige, ne se sente son esclave.

LE GRAND-PÈRE. — Son esclave, et aussi son maître, et en même temps son élève. Car si la machine nous commande et nous sert, c'est à la condition que nous sachions la conduire. La machine nous tient, a écrit Proudhon, dans une très belle page, mais elle nous discipline et nous dresse. Elle nous impose l'exactitude, le soin, l'attention, l'adresse, elle fait notre éducation. Il faut être bon cavalier pour monter un cheval dif-

---

(1) Voir, pour tous ces détails, mon livre : *Les Machines, leur influence sur le progrès social.*

ficile; il faut avoir des connaissances, de la sobriété, du sang-froid pour conduire une locomotive, une batteuse, un banc à broches ou un marteau-pilon ; et l'on ne voit pas que les hommes, malgré leurs défauts, soient pires et moins intelligents là où la mécanique est plus perfectionnée.

GABRIELLE. — Mais ils travaillent trop longtemps et dans de si mauvaises conditions !

LE GRAND-PÈRE. — Dis qu'ils travaillent *encore* trop longtemps et dans des conditions encore mauvaises, je serai de ton avis, mais ne crois pas que ce soit le perfectionnement de l'outillage qui en soit cause; c'est plutôt le contraire. Ces grandes usines où nous nous affligeons de voir entassés et retenus tant d'hommes, surtout tant de femmes et d'enfants qui seraient mieux chez eux, ce sont des palais en comparaison des ateliers d'autrefois, où l'on ne savait respecter aucune des conditions de l'hygiène. La lumière, la température, la ventilation y sont réglées, non pas, hélas ! de façon à ne laisser subsister aucune gêne (cela n'est pas possible), mais du moins à rendre le travail de plus en plus supportable, d'abord parce que les chefs d'industrie s'en font un point d'honneur, et ensuite parce que tout ce qui gêne la respiration ou les mouvements des ouvriers, tout ce qui déprime leurs forces compromet le rendement et la qualité de leur travail. Or, les métiers coûtent cher, la machine à vapeur dévore du charbon, et si la main-d'œuvre laisse à désirer, c'est de la dépense en pure perte.

Paul. — En effet, il faut toujours tâcher d'obtenir d'une machine le meilleur rendement possible. Et c'est pour cela que, dans les mines de houille, où le travail était si pénible, on a soin d'envoyer à grands frais, comme tu nous le disais un jour, de l'air pur du dehors.

Le grand-père. — C'est pour cela aussi que l'on n'y travaille que par équipes, se renouvelant après un certain nombre d'heures. Il ne servirait de rien de s'épuiser à se ruiner la santé en gâchant l'ouvrage. Et ce n'est pas seulement dans les mines ; c'est dans tous les genres de travaux que cette nécessité de ménager les forces du personnel est peu à peu reconnue. Je vous ai dit un mot, je crois, de ce que l'on appelle la question des *huit heures* : huit heures de travail physique, huit heures de repos, huit heures de loisir. C'est devenu la formule de beaucoup de sociétés ouvrières dans les deux mondes.

Adrien. — Est-ce que tu ne la trouves pas raisonnable, bon papa ?

Le grand-père. — Très raisonnable, mon ami. Et il y a plus de soixante ans que je la recommande, sans la suivre, malheureusement. C'est un Américain, que j'ai connu, Elihu Burrit, un des principaux apôtres de la paix, qui en avait fait la règle de sa vie. C'était un homme très original, qu'on appelait le *savant forgeron: learned blacksmith*, de son premier métier. Il avait appris le latin, puis le grec, le français, l'hébreu, et d'autres langues pendant que son fer chauffait ou pendant ses huit heures de loisir. Je suis convaincu que le monde se trouverait bien de se mettre sérieusement à son école.

MATHILDE. — Il n'y a qu'à faire une loi pour cela.

LE GRAND-PÈRE. — C'est ce que demandent beaucoup de gens qui croient comme toi les choses plus faciles qu'elles ne le sont. Je ne pense pas, pour ma part, qu'il soit sage ni même possible d'imposer du jour au lendemain la même règle à toutes les industries. Les divers métiers ont des exigences différentes, et le même régime ne convient pas à tous. Mais je crois qu'on peut et qu'on doit graduellement s'en rapprocher. Et l'expérience a déjà démontré que, dans bien des cas, en diminuant la longueur de la journée de travail, on ne diminue pas le travail effectué. J'ai même contribué, moi qui vous parle, à convaincre de cette vérité des industriels.

SIMONE. — Ah ! oui, bon papa, c'est pour cela que les ouvriers d'Ars-sur-Moselle t'avaient envoyé, en 1869, ce beau cadre en fer forgé que tu as dans ton cabinet, et qui a été ta première décoration ?

LE GRAND-PÈRE. — C'est encore la plus belle. Ce qui s'est fait à Ars n'est pas, d'ailleurs, du tout une exception. Et les grands industriels n'ont pas

besoin d'y être contraints par la loi pour prendre,
dès qu'ils le peuvent, toutes les mesures favorables à la santé et au bien-être de leurs ouvriers.
Mais il faut qu'ils y soient aidés par la bonne
volonté de ceux-ci. Car les intérêts du travail et
les intérêts du capital sont solidaires. Et la bonne
harmonie entre la tête qui dirige et les bras qui
exécutent, c'est cette huile, dont je vous parlais
l'autre jour, qui empêche les grincements et les
accidents.

DIX-NEUVIÈME CAUSERIE

L'Ancien Régime et les Corporations.

PAULINE. — Bon papa, j'entendais hier deux dames qui discutaient; je pourrais presque dire qui se disputaient à propos de l'ancien régime et de la Révolution. L'une disait que tout était bien mieux autrefois dans « le bon vieux temps » ; que la société était tranquille; que les ouvriers, satisfaits de leur condition, vivaient en famille avec leurs patrons ; qu'on ne voyait pas de grèves comme aujourd'hui; et que chacun, ayant sa carrière tracée d'avance, était assuré de vivre en paix dans sa profession. L'autre soutenait que tout était mal avant 1789; que l'inégalité et l'arbitraire régnaient partout; que les ouvriers, rivés à leur métier, étaient des esclaves et que les patrons eux-mêmes, rançonnés par l'administration et tracassés de mille manières, n'étaient pas aussi heureux que l'on veut bien le dire. Laquelle des deux avait raison ?

Le grand-père. — Toutes les deux ; mais pas également ; car il y a eu du bien et du mal dans l'ancien régime, et il y en a dans le nouveau. Et toutes deux avaient tort, tort surtout de se fâcher et de se dire des choses désagréables au sujet de leurs préférences ou de leurs antipathies. Il ne faut pas, disait mon maître Laboulaye, déterrer les cadavres de nos pères pour nous les jeter à la tête. Il est certain toutefois que l'organisation du travail telle qu'elle existait au xviiie siècle était très défectueuse et que ni les ouvriers, ni les marchands et les fabricants, pour la plupart, ni les consommateurs surtout, n'avaient à s'en louer.

Pauline. — La dame qui faisait l'éloge de l'ancien régime disait entre autres choses que tout, alors, était prévu et réglé d'avance ; que la fabrication de tous les produits était surveillée ; qu'on n'avait que des marchandises de bonne qualité et qu'on n'était pas exposé, comme aujourd'hui, à acheter de la camelote.

Le grand-père. — Tout était réglé, en effet, et prévu ; et peut-être à bonne intention. Mais, comme l'a dit Bastiat, ce n'est pas la bonté de l'intention qui fait la bonté de la potion. Et cette réglementation même, comme je vous l'ai déjà dit, je crois, en passant, était un obstacle au progrès. Le bon roi saint Louis, qui était un honnête homme, avait fait recueillir par le prévôt des marchands de son temps, Étienne Boyleaux, les recettes ou, comme on disait, les règlements des métiers, afin de mettre à la portée de tous les meilleures formules pour les différents genres de travaux.

YVETTE. — Est-ce qu'on les a conservés, bon papa ?

LE GRAND-PÈRE. — Certainement. Le conseil municipal de Paris en a fait faire, il y a quelques années, une nouvelle édition, dont je pourrai vous montrer un exemplaire.

SIMONE. — Ce doit être bien curieux.

LE GRAND-PÈRE. — Bien curieux ? Oui ; mais bien étrange en comparaison des méthodes et des procédés d'aujourd'hui. Cela ressemble souvent à ces anciennes formules de médicaments dans lesquelles on employait le cloporte, la corne de cerf, les pelotes de poils appelées « bézoards », qu'on trouve dans l'estomac des vaches et mille autres choses absolument invraisemblables. Les routiniers (il y en a partout) trouvaient mauvais, naturellement, qu'on essayât de faire mieux qu'eux en faisant autrement ; et l'administration, pour garder son importance, ne manquait pas de poursuivre ceux qui s'écartaient des anciennes formes prévues. C'est ainsi que le physicien Argand, qui remplaça la mèche pleine qui trempait dans l'huile, en donnant beaucoup de fumée, par une mèche circulaire, à l'intérieur de laquelle passait l'air, fut persécuté pendant de longues années ; et que les fabricants auxquels on demandait, même pour l'étranger, des étoffes d'une autre largeur ou d'une autre couleur que les largeurs ou les couleurs officielles, étaient poursuivis et parfois très gravement punis.

MATHILDE. — On n'aurait pas pu, dans ce temps-là, faire toutes les inventions que nous avons déjà vu réaliser, nous qui sommes encore si jeunes ?

LE GRAND-PÈRE. — Non, en vérité. Mais ce n'était pas tout. Les métiers étaient distribués en un certain nombre de *corporations*, dont chacune avait le droit exclusif de faire ou de vendre tels ou tels produits. Dans chaque corporation, il y avait un nombre généralement limité de *maîtres*. Et l'on ne pouvait devenir maître qu'après un long apprentissage — sept ans, par exemple, pour être garçon boulanger, — et aux prix de grosses dépenses et de formalités longues et minutieuses; enfin les ouvriers, quand ils avaient été reçus *compagnons*, ne pouvaient pas passer d'un métier à un autre. Ainsi celui qui avait été admis dans la corporation des « claveciniers », dit Rossi, ne pouvait pas passer dans celle des luthiers ou des harpistes ; et quand on abandonnait le clavecin pour les harpes, il était condamné à se croiser les bras et à mourir de faim.

SIMONE. — C'était joliment ridicule cela !

LE GRAND-PÈRE. — Oh ! il y avait bien d'autres choses ridicules et, de plus, cruelles. Le cordonnier qui faisait de grosses chaussures pour l'hiver ne pouvait pas, même pour lui ou pour sa famille, faire des chaussures légères pour l'été. C'était une fabrication réservée aux « savetonniers », qui ne pouvaient pas non plus faire une paire de gros souliers à leurs femmes ou à leurs enfants. C'est peut-être pour cela que l'on a dit que le cordonnier est toujours le plus mal chaussé. Et il y avait aussi des savetiers qui raccommodaient les vieilles chaussures, mais qui ne pouvaient pas, sous peine d'avoir affaire aux deux autres corporations, y mettre des pièces de plus du tiers. Et tout cela donnait lieu à des procès, dont quelques-uns ont duré cent cinquante ou deux cents ans, comme ceux entre les fripiers et les tailleurs, pour déterminer ce qui distingue un vieil habit d'un habit neuf, ou ceux entre les couteliers de lames ou les couteliers de manches; entre les merciers et les gantiers, ou entre les rôtisseurs, les « oyers » et les « poulaillers », qui se disputaient le droit de vendre des viandes froides ou chaudes, avec ou sans sauce, dans leur boutique ou à domicile.

MATHILDE. — Oh ! bien, si c'était comme cela aujourd'hui, les petits pâtissiers qui nous apportent des vol-au-vent la répandraient joliment en route, leur sauce, en se disputant !

LE GRAND-PÈRE. — Cela arrivait aussi. Il y avait des batailles; il y avait surtout des procès. Et le Parlement rendait des sentences solennelles pour déterminer ce qui distingue une vieille paire de bottes d'une neuve ou un cuisinier d'un rôtisseur.

Pauline. — Allons, je vois bien qu'il vaut encore mieux vivre aujourd'hui que d'avoir vécu il y a cent cinquante ans.

Le grand-père. — Et savez-vous qui a mis fin à tous ces abus, peut-être pour donner naissance à d'autres, mais bien moindres ?

Adrien. — Oui, tu nous l'as dit au commencement de nos entretiens : c'est Turgot, dans la célèbre déclaration de 1776, par laquelle il a fait proclamer par le roi la liberté du travail.

Le grand-père. — Et te rappelles-tu, mon ami, en quels termes il a fait faire cette déclaration ? Tous les Français devraient les savoir par cœur : « Dieu, en donnant à l'homme des besoins, en lui rendant nécessaire la ressource du travail, a fait du droit de travailler la propriété de tout homme ; et cette propriété est la première, la plus sacrée et la plus imprescriptible de toutes... »

Adrien. — Il a fait dire aussi au roi que l'oubli de cette vérité avait été poussé si loin sous ses prédécesseurs qu'ils avaient cru pouvoir dire que le droit de travailler était un droit domanial et royal, que le roi pouvait vendre et que les sujets devaient acheter. Nous nous hâtons, ajoutait-il, de répudier ces odieuses maximes. Et en vertu de ces principes, le grand ministre faisait rendre la liberté à l'industrie. Mais ces réformes, qui contrariaient tous les privilégiés, lui ont bientôt fait perdre le pouvoir ; et ce n'est qu'au mois de mars 1791 que les corporations de métiers ont été définitivement abolies, et que tous les citoyens ont été déclarés aptes à exercer telle profession qui leur conviendrait, en se conformant aux lois et aux règlements de police.

LE GRAND-PÈRE. — Et c'est à partir de cette époque que l'industrie s'est véritablement développée. Deux hommes, qui avaient vu fonctionner les corporations et qui ont assisté, jusque vers le milieu du dernier siècle, au développement des inventions et des procédés nouveaux de fabrication, M. Droz et M. Moreau de Jonnès, nous ont laissé sur cette émancipation du travail des pages après lesquelles il n'y a plus à revenir sur le passé.

PAUL. — Est-ce que c'est vrai que, parmi les corporations les plus entichées de leurs privilèges, figurait celle des barbiers ?

LE GRAND-PÈRE. — Très vrai. Et j'aurais dû vous en parler, comme des innombrables édits du ministre Colbert sur la composition des teintures pour les étoffes, notamment du blanc, qui est la couleur de la vie, et du noir, qui est la couleur de la mort. Quand il s'agit de supprimer le privilège des barbiers-perruquiers-étuvistes, on représenta très sérieusement au roi Louis XVI que, s'il laissait mettre le rasoir en des mains non contrôlées, les intrus ne manqueraient pas d'user de leurs armes pour couper le cou aux sujets de Sa Majesté. La liberté de la barbe a été proclamée, a dit Laboulaye; et l'on ne voit pas que l'on en ait beaucoup abusé pour commettre des assassinats; mais il en coûta vingt-deux millions d'indemnité. On y gagnait encore. Toutes les servitudes sont onéreuses, en même temps que déprimantes.

VINGTIÈME CAUSERIE

Les Parasites. — La Spéculation.

MARINE. — Bon papa, j'entendais l'autre jour une dame, qui venait de faire un achat dans un magasin des boulevards, se plaindre d'avoir payé plus du double de ce qu'on avait demandé, pour le même objet, à une de ses amies, dans une fabrique des faubourgs. Elle disait que c'était abominable, et que le gouvernement devrait bien empêcher les marchands de vendre les choses plus cher qu'elles ne valent. Elle disait aussi que les commerçants sont des parasites qui ne font rien et vivent aux dépens des vrais travailleurs, de ceux qui produisent.

LE GRAND-PÈRE. — Et qu'est-ce que tu penses de cela, toi ?

MARINE. — Il me semble que le gouvernement ne peut pas se charger de fixer les prix des choses, et que chacun doit être libre de décider s'il lui convient ou non de vendre ce qu'il possède ou d'acheter ce qu'il désire. Mais, tout de même, c'est bien extraordinaire que la même chose puisse avoir des prix différents selon les quartiers et les magasins.

LE GRAND-PÈRE. — Pas si extraordinaire que cela, mon enfant, et tu vas le comprendre. Si tu vas, pour reprendre l'exemple de la dame, acheter un meuble au faubourg Saint-Antoine, en fabrique, comme on dit, tu es obligée d'abord de faire une course qui te prend du temps, et peut-être tu devras courir tout le quartier avant de trouver ce que tu désires. Le marchand qui est dans ton voisinage t'évite cette course et ces pertes de temps ; il a pris la peine de rassembler pour toi,, c'est-à-dire pour ceux qui viendront dans sa boutique, tout un assortiment parmi lequel tu n'auras qu'à choisir. N'est-il pas juste que tu lui tiennes compte de cette peine et des frais qu'elle lui a occasionnés ? Il est obligé, pour se tenir ainsi à ton service, d'avoir un local dans un quartier cher ; il faut qu'il soit au courant de ce qui se fait et de ce qui se demande ; qu'il ait des employés ; qu'il fasse des avances ; qu'il tienne une comptabilité et qu'il se tienne lui-même ou son personnel à ta disposition, c'est-à-dire à la disposition du premier venu qui ouvrira sa porte, pour essayer de le satisfaire. Tu conviendras qu'il ne peut pas faire tout cela gratis ; et, puisque toute peine mérite salaire, il a bien le droit de s'en faire payer un.

MARINE. — Mais pas si gros, bon papa.

LE GRAND-PÈRE. — Si tu trouves qu'il est trop exigeant, tu n'as qu'à ne pas aller chez lui. Personne ne t'y force. Si tu préfères acheter rue de la Paix au lieu d'aller rue Chapon, c'est que tu crois encore y trouver ton compte.

MARINE. — Oh! bon-papa, c'est pour dire que l'on a acheté cela dans un magasin à la mode, comme les belles dames qui paient leurs robes cinq ou six fois plus cher parce qu'elles sortent de chez la grande faiseuse.

LE GRAND-PÈRE. — Eh bien! c'est peut-être un faux calcul de vanité ; mais c'est une satisfaction que l'on se donne. On la paie très cher, mais pas plus cher qu'on ne l'estime : on en a pour son argent.

MATHILDE. — Cependant, bon papa, il n'a rien produit, le marchand, quand ce n'est pas lui qui a fabriqué.

LE GRAND-PÈRE. — Rien produit, absolument parlant, je le veux bien ; mais il a mis les choses à notre portée ou plus à notre portée. Nous mangeons du pain ; nous prenons du café, du thé, du chocolat, du lait ; nous brûlons du bois ou du charbon de terre : rien de tout cela, ou presque rien, n'est produit par ceux qui nous le vendent. Mais si ces marchands n'avaient pas pensé à le faire venir ou à l'aller chercher, ce serait comme

si tout cela n'existait pas pour nous. C'est grâce
à eux, aussi bien que grâce aux cultivateurs ou
aux mineurs, que nous ne connaissons pas, que
nous pouvons jouir de ces choses. On croit les
flétrir en les appelant *intermédiaires.* Oui, ce
sont des intermédiaires, comme le cultivateur
qui sème le blé, le moissonneur qui le récolte
sont des intermédiaires entre la fécondité de
la terre, qui le fait pousser, et nous, qui en
avons besoin. Nous sommes tous, à vrai dire,
des intermédiaires les uns par rapport aux autres,
et nous ne subsistons que par l'échange des
services que nous nous rendons. S'ingénier à
satisfaire les besoins de ses semblables, prévoir
pour eux ce dont ils auront besoin, le faire venir
du Nord, du Midi, de l'Amérique, de l'Afrique ou de
l'Asie, et provoquer par ces achats les producteurs
à le produire, c'est absolument la même chose,
comme résultat, que le produire directement.

C'est aux États-Unis et un peu en Égypte et
dans l'Inde que l'on cultive le coton. Mais s'il
n'y avait pas, à Liverpool, au Havre et ailleurs, des
négociants, des spéculateurs comme on les appelle,
qui s'occupent de surveiller le marché et d'acheter
aux meilleures conditions possibles, et s'il n'y
avait pas entre ces pays lointains et l'Europe des
navires organisés tout exprès pour exécuter leurs
ordres et nous apporter ce qu'ils ont acheté, tout
le coton de l'Amérique ou des Indes ne nous ser-

virait à rien, et les producteurs, ne trouvant plus à vendre, cesseraient d'en produire. C'est donc, en réalité, le manufacturier, qui transforme le coton en fil et en étoffe, et le commerçant, qui le lui fournit qui le font pousser.

MARIE. — Je comprends bien cela, bon papa. Mais malgré tout il y a quelque chose qui m'embarrasse. Tu viens de dire le commerçant ou le spéculateur. Est-ce que ce n'est pas une vilaine chose de spéculer? On entend parler tous les jours de gens qui ont fait de grosses fortunes par des spéculations heureuses, ou d'autres qui se sont ruinés par des spéculations malheureuses. Est-ce que c'est bien honnête de gagner beaucoup d'argent tout simplement parce que le cours d'une marchandise a monté? Ce n'est pas ma faute, quand j'ai des marchandises en magasin ou quand j'ai récolté du vin ou des pommes de terre, si le prix a baissé, et je n'ai aucun mérite à profiter de ce qu'il a haussé.

LE GRAND PÈRE. — Non, certainement. Mais il faut distinguer entre la spéculation honnête et la spéculation malhonnête. Un homme qui, pour faire varier les cours, répand de fausses nouvelles, fait dire que telle entreprise donne des bénéfices énormes, ou que telle autre est sur le point de tomber en faillite, qu'une inondation ou un incendie va réduire considérablement des quantités de charbon disponibles, et qui se dépêche de profiter de l'impression produite par ces fausses nouvelles pour réaliser un gros profit, est évidemment un trompeur qui mérite le mépris des honnêtes gens et le châtiment des lois. Mais celui qui n'a fait une bonne affaire que parce qu'il a bien prévu ce qui devait se passer est tout uniment un homme intelligent qui a vu plus clair que les autres, et qui, en voyant plus clair, a mieux servi les intérêts du public. Spéculer, dans ce sens (et c'est bien le sens grammatical du mot), c'est prévoir ou chercher à prévoir pour soi ou à prévoir pour les autres. Qu'y a-t-il de plus respectable et de plus utile que la prévoyance?

C'est surtout (et cela se comprend, parce qu'il s'agit de l'un de nos besoins les plus impérieux), le commerce des grains qui, sous le nom d'accaparement ou de spéculation sur la faim, a été le plus mal vu et le plus attaqué. C'est celui qui devrait être le plus respecté et le plus considéré; car c'est le plus nécessaire et le plus bienfaisant. Sans lui (nous l'avons vu), sans ces achats et ces ventes qui tendent incessamment à maintenir l'équilibre entre les années et les régions, nous serions, comme dans les siècles passés, exposés tour à tour aux excessives chertés et aux bas prix excessifs.

Un critique spirituel, mais peu au courant de ces choses sérieuses, disait, il y a un siècle, croyant par là avoir prononcé la condamnation du commerce : « A quoi se réduit tout l'art du commerçant ? A acheter bon marché et à vendre cher. » Eh ! oui, sans doute, lui répondit l'auteur que je vous citais l'autre jour, M. Modeste. Et c'est un double mérite : pour acheter bon marché, il achète aux lieux et aux époques où les prix sont bas, c'est-à-dire à ceux qui ont le plus besoin de vendre ; et pour vendre cher, il vend aux lieux et aux époques où les prix sont hauts, c'est-à-dire à ceux qui ont le plus besoin d'acheter. Il débarrasse les uns de leur trop-plein et il comble le vide des autres. « Que pourrait faire de mieux Dieu lui-même, a écrit je ne sais plus qui, s'il voulait prendre directement en main la satisfaction de nos besoins et la régularisation de nos marchés ? »

Mais tout cela, mes chers enfants, n'est possible, et cette action bienfaisante du commerce ne peut s'exercer avec certitude qu'à une condition : c'est que le commerce soit libre ; qu'il ne soit exposé, comme le disait Turgot, ni aux haines aveugles de la populace révoltée contre la main qui la nourrit, ni à l'arbitraire des juges ou à celui des législateurs et des administrateurs qui s'imaginent pouvoir faire à leur gré la hausse ou la baisse, autant dire la pluie et le beau temps. C'est, malheureusement, ce qu'on est trop tenté de demander au gouvernement. Et c'est une des raisons pour lesquelles il ne devrait jamais se charger de faire nos affaires à notre place.

Bastiat raconte à ce propos une histoire qui se passait dans son pays. Un brave curé, convaincu de la puissance de ses prières, s'était persuadé et avait persuadé à ses paroissiens qu'il avait assez de crédit auprès du bon Dieu pour écarter la grêle de leurs vignobles. Quelques années s'étant passées sans qu'en effet les vignes eussent été ravagées, on le tenait en grande considération, et les communes voisines auraient bien voulu l'enlever à son presbytère. Mais un jour un orage épouvantable fondit sur la commune ; des grêlons énormes hachèrent les feuilles et les grappes ; et les paysans, furieux, s'en vinrent faire une scène violente au pauvre curé, qu'ils chassèrent à coups de bâton de sa cure. « Ah ! tu pouvais sauver nos récoltes, lui disaient-ils ; et tu ne l'as pas fait ! On t'apprendra à te moquer comme cela du pauvre monde ! »

Le gouvernement ou l'État ne fait ni l'abondance ni la cherté : il ne peut qu'empêcher les hommes de troubler artificiellement l'équilibre naturel de la production et des prix.

VINGT ET UNIÈME CAUSERIE

Le Commerce et les Subsistances.

Marthe. — Bon papa, le boulanger vient de venir; il a dit que le pain allait augmenter. C'est bien malheureux pour les pauvres gens, qui ont parfois tant de peine à gagner de quoi se nourrir et nourrir leur famille.

Le grand-père. — Oui, mes enfants; et cela doit vous faire penser qu'il ne faut pas gâcher le pain, ni autre chose; car ce qu'on gaspille et consomme inutilement est autant de moins pour ceux qui en ont besoin. Quand on diminue la quantité d'une marchandise, on en fait augmenter le prix.

Mathilde. — Alors, bon papa, est-ce que l'on a diminué la quantité de pain pour qu'il augmente?

Le grand-père. — Non, mes enfants, pas précisément. Mais elle a diminué, ou l'on croit qu'elle va diminuer, ce qui revient à peu près au même. Il a fait extrêmement sec cette année; les blés en ont souffert, les grains sont petits et la récolte est moins abondante que d'ordinaire et de moins bonne qualité, non seulement chez nous mais dans toute l'Europe et en Amérique. Tout naturellement ceux qui ont du blé à vendre sont plus disposés à le garder, ou le vendent plus cher.

PLUSIEURS. — Est-ce qu'on ne pourrait pas les en empêcher en défendant de relever les prix?

LE GRAND-PÈRE. —Si, on le pourrait, et on l'a fait souvent. On le fait même encore dans quelques pays; mais cela n'est pas juste, car le blé appartient à celui qui l'a produit, et c'est à lui de savoir s'il veut ou non le vendre. Et, d'autre part, cela ne peut faire que du mal, et, au lieu d'être utile aux pauvres gens c'est un sûr moyen de les faire mourir de faim, ou tout au moins de rendre le pain plus rare et plus cher.

Tous. — Comment cela, bon papa ?

LE GRAND-PÈRE. — C'est bien simple, mes chers petits, bien que cela n'en ait pas l'air. Quand vous avez des bonbons ou des gâteaux, quand le cousin Rochat vous a apporté des chocolats ou des marrons glacés, si l'on vous laisse libres d'en manger tant que vous voulez, vous les croquez sans compter, et deux ou trois jours après il ne vous en reste plus. De même, quand le pain est bon marché, on n'y fait pas attention ; on en laisse sur son assiette, on en donne aux animaux ; on en consomme, en un mot, plus qu'il n'est nécessaire pour se nourrir. Le mal n'est pas bien grand si réellement il y a beaucoup de blé et si, par conséquent, il en reste pour toute l'année. Mais si la récolte a été moins bonne et si, pour qu'elle suffise, il faut la ménager, il est nécessaire que l'on en soit averti et que l'on ne laisse rien perdre. C'est précisément l'élévation du prix qui nous avertit et qui nous contraint à être plus économe. Sans cet avertissement, on consommerait comme dans les années d'abondance, et, au bout de quelques mois, le blé deviendrait tout à coup si rare et, par suite, si cher que ce serait la disette. « Qui veut voyager loin, ménage sa monture », dit le proverbe. Qui veut avoir des ressources toute l'année, ménage sa consommation.

PAUL. — Je comprends bien cela, bon papa ; et je sais qu'autrefois il y avait,de grandes famines, comme celle de Milan, que raconte Manzoni dans son histoire des *Fiancés*. Je sais aussi qu'il y en a encore dans d'autres pays. Tu nous le rappelais l'autre jour. Mais cela ne devrait plus être. Il y a des chemins de fer et des bateaux à vapeur qui mettent tous les pays en communication les uns avec les autres; le télégraphe permet de se renseigner à tout instant et de faire venir du bout du monde ce dont on a besoin. On ne devrait plus être exposé à manquer de rien.

LE GRAND-PÈRE. — Tu as raison, mon ami; les conditions sont bien changées, et il semble qu'il ne devrait plus être possible de voir des populations souffrir de la faim et même de la cherté. Cependant, je le répète, il y a encore des famines. Il y en a eu, dans le dernier siècle, en Irlande, où le tiers de la population a succombé ou s'est expatrié; il y en a eu en Algérie, et par deux fois cinq cent mille indigènes ont péri; il y en a en Chine, en Russie, dans l'Inde anglaise, lorsque les pluies font défaut. Et c'est une honte pour la civilisation; car, avec les moyens de communication actuels, il devrait toujours être possible de fournir du pain à toute l'humanité. Mais il ne peut l'être de le maintenir toujours au même prix. En général, la récolte n'est pas bonne ou mauvaise partout en même temps; quand elle est bonne en Europe, elle ne l'est pas en Amérique ou en Australie ou aux Indes et ailleurs. En sorte que les déficits et les excédents se compensent à peu près. C'est comme pour la pluie. La compensation cependant n'est jamais absolue. Il y a ici ou là plus ou moins d'abondance, plus ou moins de sécurité, par conséquent, et les prix s'en ressentent.

ADRIEN. — Tout de même, bon papa, puisque les communications sont si faciles aujourd'hui entre les pays les plus éloignés, les différences de prix ne devraient jamais être bien fortes. On nous enseigne, en physique, que quand deux vases sont en communication l'un avec l'autre, même par une petite ouverture, le liquide tend toujours à s'y mettre au même niveau et à s'y maintenir. Il doit en être de même des marchandises et de leurs prix.

LE GRAND-PÈRE. — Bien raisonné, mon Adrien. Mais c'est qu'ici les vases ne sont pas réellement en communication, libre du moins ; et qu'il y a bien des obstacles qui s'opposent au nivellement des quantités et des prix.

TOUS. — Comment cela, bon papa ?

LE GRAND-PÈRE. — Oh ! ceci demande des explications assez étendues ; et peut-être les trouverez-vous un peu arides.

GABRIELLE. — Oh ! non, bon papa. Je suis sûre que ce sera très intéressant. Qu'est-ce qu'il peut y avoir de plus intéressant que de savoir comment on peut avoir plus de pain à manger ? Tu viens de nous dire que, malgré les progrès des moyens de transport, malgré les chemins de fer, les bateaux à vapeur et les télégraphes, la circulation des marchandises et le nivellement des prix ne se faisaient pas encore librement. Comment cela se peut-il ? Est-ce qu'il y a des lois qui l'empêchent ? Ce serait bien extraordinaire d'empêcher les gens d'aller chercher ce dont ils ont besoin là où l'on est disposé à le leur vendre ; et les autres de le porter là où on est prêt à le leur acheter.

LE GRAND-PÈRE. — Oui, mes enfants, cela est, en effet, bien extraordinaire ; mais cela est, et cela est même très commun. C'est le résultat d'un faux raisonnement et d'un faux calcul ; c'est un égoïsme mal compris. Je reprends l'exemple des chocolats du cousin Rochat. Quand vous avez des bonbons, que faites-vous ? Vous les partagez entre vous de bonne amitié, comme des frères ou des cousins qui s'aiment bien, et un jour c'est Charles qui en donne aux autres, un jour les autres qui lui en donnent. Si chacun, par crainte d'en manquer, voulait toujours garder pour lui toute sa part, il arriverait que chacun à tour de rôle se verrait exposé à ne rien avoir le jour où il aurait fini de manger tout seul ce qu'il aurait eu. Les peuples ont fait de même. Dans la crainte de se dépouiller, ils ont refusé de laisser sortir de chez eux, de leur village ou de leur canton d'abord, puis de leur pays, le blé ou les autres marchandises qui s'y trouvaient. Il en est résulté que, quand il y avait abondance, le blé, n'ayant qu'un marché limité, se vendait très mal, et les cultivateurs se ruinaient ou se décourageaient. Alors ils diminuaient leurs ensemencements. Le blé devenait rare et, par suite, très cher; et c'étaient les consommateurs qui, ne pouvant s'approvisionner en dehors, souffraient et se plaignaient. Il y a tout naturellement, comme je vous le disais tout à l'heure, de bonnes et de mauvaises années; c'est l'histoire des vaches grasses et des vaches maigres dont parle la Bible. Joseph avait cherché à y remédier en faisant de grandes réserves pour les mauvais jours. Mais le blé n'est pas très facile à garder. Il faut, pour en emmagasiner de grandes quantités, des locaux considérables, et, pour les préserver de la moisissure, de l'échauffement, des rats, des souris, des oiseaux et des ravages d'un insecte que l'on appelle le charançon, des soins qui coûtent fort cher. Il est bien plus simple de le laisser sortir librement, quand il est plus cher au dehors, et rentrer librement, quand il est plus cher à l'intérieur. C'est ce que fait tout naturellement le commerce quand il n'est pas contrarié.

GABRIELLE. — Et on le contrariait, bon papa ?

JENNY. — Mais, oui. Et on le contrarie encore; même en France. Bon papa, quand il était député, a fait de grands discours pour démontrer qu'il n'y a pas de mal à apporter du grain et de la viande aux gens qui n'en ont pas ou qui ne sont pas en état de le payer parce qu'il est trop cher. Et on ne l'a pas écouté.

YVETTE ET SIMONE. — Oh ! est-ce possible ?

LE GRAND-PÈRE. — C'est si possible que ceux d'entre vous qui ont été sur les bords de la mer ou qui ont passé la frontière pour aller en Suisse, en Belgique ou en Italie, ont pu voir partout des hommes, que l'on appelle des douaniers, qui ont pour mission d'empêcher les aliments, les étoffes, les outils, les produits chimiques et presque tous les objets dont nous avons besoin d'entrer en France sans payer une amende.

YVETTE. — C'est comme les gens de l'octroi à la porte de Paris, alors?

LE GRAND-PÈRE. — Précisément. Et vous savez qu'en général on n'aime pas beaucoup ces employés de l'octroi. On les appelle ironiquement des *gabelous*, en souvenir de la *gabelle*, qui était le nom de l'administration chargée de faire payer le sel très cher.

SIMONE. — Comment, on ne laissait pas tout le monde se procurer du sel à volonté avec de l'eau de mer.

LE GRAND-PÈRE. — Non ; et aujourd'hui encore il n'est pas permis d'aller prendre de l'eau à la mer à discrétion, parce qu'il y a toujours un impôt sur le sel. Autrefois, c'était bien autre chose. On était obligé d'acheter, au prix fixé par le roi, sept livres de sel par an et par personne ; et on ne pouvait employer ce sel que pour sa nourriture : pour *pot et salière*. Si on avait le malheur d'en donner à sa vache ou à son cochon, on s'exposait à des peines très sévères. Quant à ceux qui trouvaient moyen de se procurer du sel sans l'acheter aux greniers du roi, ou à ceux qui leur en vendaient, et que l'on appelait des faux sauniers, on les envoyait tout simplement aux galères ; et il y en avait beaucoup.

LES ENFANTS. — Mais c'est abominable !

LE GRAND-PÈRE. — Assurément. Et pourtant les rois, au nom desquels on opprimait ainsi le pauvre peuple, n'étaient pas tous méchants. Ils croyaient avoir le droit de faire ce qu'ils faisaient, et ils s'imaginaient agir dans l'intérêt de leur royaume. Ils se trompaient. Il en est de même de ceux qui votent aujourd'hui des lois pour gêner la liberté du commerce et enchérir les marchandises. Mais voilà des digressions qui nous ont menés bien loin. Il faut revenir à la question des douanes. Ce sera pour demain.

VINGT-DEUXIÈME CAUSERIE

Liberté du Commerce et Système restrictif.

GABRIELLE. — Bon papa, tu nous a promis de nous expliquer comment on avait pu songer à contrarier le commerce.

LE GRAND-PÈRE. — Je ne l'oublie pas. Mais c'est qu'on a contrarié tant de choses que l'on n'aurait pas dû contrarier, que je ne sais vraiment par où commencer. On a contrarié le travail, d'abord, en réduisant des hommes en esclavage et en les obligeant à travailler malgré eux pour d'autres hommes au lieu de travailler pour eux-mêmes ; ensuite, en prétendant connaître mieux qu'eux leurs désirs et leurs intérêts et en leur dictant par des lois ou par des mesures administratives l'emploi de leur temps et la façon de faire leur besogne. Je vous ai parlé des règlements de l'ancien régime, qui prévoyaient pour les différents métiers la façon de les exercer et punissaient comme des délits et des contraventions l'emploi des procédés nouveaux. L'administration royale, sous prétexte de veiller à la bonne fabrication, condamnait la plupart des industries à la routine. Le premier chapelier qui a eu l'idée de faire des chapeaux de soie, Prévost, a vu sa marchandise saisie et a été condamné à l'amende; de même que les tailleurs qui ont imaginé d'employer les rognures d'étoffes à recouvrir des boutons. Le ministre Colbert ordonnait, au nom du roi Louis XIV, de couper ces boutons sur le corps des gens qui les portaient et de dresser procès-verbal contre eux et ceux qui les leur avaient fournis.

Je n'en finirais pas si je voulais vous raconter toutes les vexations auxquelles on était alors exposé. La matière des étoffes, le nombre des fils par pouce carré, tout était prévu, réglementé, surveillé, et il ne s'agissait pas de moins, dans bien des cas, que de la confiscation, de l'amende, de la prison et du pilori, c'est-à-dire de l'exposition en place publique, comme on le faisait pour les plus grands malfaiteurs.

Ce n'est pas, encore une fois, que les rois et leurs ministres fussent tous des tyrans acharnés à persécuter le pauvre monde. Mais c'est qu'ils se croyaient, à cause de leur situation, plus habiles que les simples particuliers, et se figuraient que, sans leurs avis et leur direction, les hommes n'auraient fait que des sottises. Comme si, a dit un inspecteur des manufactures qui a joué un rôle important sous la Révolution, Roland de la Platière, le gouvernement s'entendait mieux à tordre, à assembler ou à teindre des fils que les gens dont c'est le métier, et les clients qui les leur achètent.

MADELEINE. — Bon papa, tu nous as déjà parlé de cela, à propos des corporations. Je ne vois pas bien quel rapport cela peut avoir avec la question des douanes et le prix du blé.

LE GRAND-PÈRE. — Attends un peu, et tu vas voir que c'est la même question. De même que le gouvernement croyait pouvoir diriger la fabrication, il s'imaginait pouvoir diriger la production et la répartition des aliments, la culture et la vente. Et il s'en occupait d'autant plus qu'il redoutait davantage les disettes et les famines, qui amènent des troubles et des violences, et qu'il savait que le peuple, dans son ignorance, était toujours disposé à le rendre responsable de ses misères.

Aussi y avait-il une foule d'édits ou d'ordonnances pour prescrire aux cultivateurs la façon d'ensemencer et de récolter, les contraindre à porter leur blé au marché, fixer les distances au delà desquelles on ne pourrait acheter ou vendre, et, dans bien des circonstances, déterminer les prix au-dessus desquels il ne serait pas permis d'élever ces prétentions.

GABRIELLE. — Il devait souvent se tromper, le gouvernement?

LE GRAND-PÈRE. — Souvent, en effet, et quelquefois d'une façon ridicule, mais bien grave pour le public. Ainsi en 1709, l'hiver avait été si dur que les blés avaient gelé ; et les paysans voulaient refaire des semailles de printemps. Le conseil du roi le leur interdit, en déclarant que les blés repousseraient. Les blés n'obéirent pas, et il y eut une grande famine. Mme de Maintenon, qui était la femme du roi Louis XIV, fut elle-même réduite à manger du pain d'avoine. Une autre année, ce fut le contraire. On obligea les paysans à labourer des blés qu'ils croyaient bons et à faire de nouvelles semailles.

YVETTE. — Ils étaient donc bien bêtes, les membres du conseil du roi ?

LE GRAND-PÈRE. — Peut-être pas plus que d'autres. Mais ils se mêlaient de ce qui ne les regardait pas; et ils auraient eu besoin qu'on leur rappelât le proverbe : *Chacun son métier*...

Avec de pareilles idées, il était naturel que le gouvernement se figurât que c'était à lui à assurer la subsistance du peuple et à régler les prix. Et il se le figurait d'autant plus qu'on avait, en général, peu d'estime pour le commerce. Le commerce des grains, en particulier, était mal vu des populations et de l'administration. Pour fournir du grain aux consommateurs, il faut en avoir, c'est-à-dire en avoir récolté et engrangé, ou en avoir acheté et mis en réserve dans des greniers. S'il n'y avait pas des gens qui en apportent du dehors, ou qui en gardent depuis le mois d'août passé jusqu'au mois d'août prochain, il viendrait bien vite un moment où on n'en trouverait plus nulle part. Cependant les gens qui font métier d'en faire venir et d'en conserver, afin d'en revendre plus tard à ceux qui en auront besoin, sont traités souvent, encore aujourd'hui, d'accapareurs et d'affameurs du peuple. Ils étaient bien plus haïs autrefois, quand on était plus ignorant, et quand les moyens de transport étaient plus rares. Alors le gouvernement, qui partageait les préjugés populaires, se croyait obligé d'interdire le commerce aux particuliers et de se faire commerçant à leur place pour nourrir le peuple. C'est ce qu'il a fait, notamment, pendant la Révolution française, malgré les avis de Roland. Et il a amené une telle famine qu'un membre de la Convention, Barrère, a proposé de décréter un « jeûne national » et un « carême civique ».

. LES ENFANTS. — Voilà une drôle de manière de remédier à la misère du peuple !

' LE GRAND-PÈRE. — Aussi ne s'y est-on pas arrêté. On a supprimé les lois qui empêchaient le commerce de fonctionner, et le blé a reparu. Napoléon, en 1811, a voulu, à son tour, régler les prix à sa fantaisie ; et il n'a pas été plus heureux que la Convention. On ne tombe plus aujourd'hui dans de tels excès. Le commerce est libre à l'intérieur du pays.

Chacun, cultivateur ou négociant, est maître de garder ou de vendre comme il lui convient, en appréciant à sa façon les chances de hausse ou de baisse; et les boulangers, qui étaient autrefois soumis à toutes sortes d'entraves et de gênes, et dont les boutiques étaient garnies de forts barreaux de fer pour les préserver du pillage et des violences, exercent leur industrie comme ils l'entendent, et, sauf quelques restrictions, qu'il serait trop long de vous expliquer, fixent eux-mêmes la forme, le poids et le prix de leurs pains. Mais le commerce extérieur n'est pas encore réellement libre. Et la France n'est pas en communication directe avec les autres pays qui peuvent lui fournir ou lui acheter du grain ou du bétail. Les bœufs, les moutons, les porcs ne peuvent entrer en France qu'en payant un droit élevé; et il en est de même des grains, des farines et du pain.

Simone. — Alors on est mis à l'amende quand on apporte aux Français ce dont ils ont besoin? Mais c'est de la sauvagerie, ça!

Le grand-père. — Tu as dit le mot, mon enfant; et tu ne l'as pas inventé. Il est vrai que c'est un boucher, un boucher belge, car les mêmes mesures ont été prises plus ou moins partout, qui a déclaré que c'est un spectacle sauvage que donne le gouvernement en faisant croiser la baïonnette contre le pain et la viande. En France, pour ne parler que du pain, le blé, pour entrer, paie 7 francs les 100 kilogrammes, la farine de 11 à 16 francs et le pain comme le blé. Cela revient, quand la récolte n'est pas suffisante, à enchérir le pain de 10 centimes environ le kilogramme.

MADELEINE. — Oh ! c'est une bien lourde charge pour les petits ménages, dans lesquels le pain est une grosse partie de la dépense. Ce n'est pourtant pas pour le plaisir d'appauvrir encore les pauvres gens que l'on a pu prendre de telles mesures ?

LE GRAND-PÈRE. — Non, certainement, mais le résultat est le même. On a cru agir dans l'intérêt général en agissant dans l'intérêt des producteurs de blé et des éleveurs de bétail. On s'est figuré que, s'ils avaient à supporter la concurrence de marchés étrangers, ils seraient ruinés, et que, par suite, les Français n'auraient plus à manger ou seraient à la merci des autres peuples. C'est une grosse erreur; et il n'est pas du tout vrai que la culture et l'élevage trouvent leur compte à ce régime. Je vous le démontrerai peut-être un de ces jours. Mais enfin on se l'est figuré ; et c'est pourquoi on a appelé ce régime le « régime protecteur ». On a eu la prétention de protéger le travail national.

La véritable protection du travail national, c'est la liberté, qui suscite l'émulation et permet à chacun de s'ingénier à rendre le plus de services possible à ses concitoyens. Le grand ministre Turgot l'avait démontré il y a cent cinquante ans, et beaucoup d'autres l'ont démontré après lui. Mais tous les raisonnements ne valent pas l'expérience. Et il en a été fait une tout à fait décisive en Angleterre. Je vous la conterai demain. Cela vaudra mieux que toutes les dissertations du monde.

VINGT-TROISIÈME CAUSERIE

Richard Cobden et la Ligue.

Le grand-père. — Tu nous as cité l'autre jour, Jenny, à propos des droits de douane sur les blés, le nom de Richard Cobden. Tu es une grande fille sérieuse et qui as beaucoup lu et bien lu; tu sais certainement ce qu'il a fait, ce Cobden, et ce qu'il a été. Conte-le nous; cela changera un peu le ton de nos conversations et intéressera plus les petits que la voix monotone du vieux grand-père.

Jenny. — Oh! bon papa, je ne suis pas habituée à parler comme toi et je ne sais pas grand'-chose. Mais j'ai lu le discours que tu as prononcé, en juin 1904, pour le centenaire de Cobden, et je vais essayer d'en donner un résumé.

Le grand-père. — Tu en sais plus long que tu ne dis, mon enfant; tu as lu la charmante biographie de Cobden : *A short life of Richard Cobden*, de miss Frances E. Cooke, et tu connais aussi le volume de Bastiat : *Cobden et la Ligue*, où se trouvent ses principaux discours et ceux de ses amis. C'est assez pour nous en parler convenablement.

JENNY. — Eh ! bien, puisqu'il le faut, je commence.

Donc, en ce temps-là (c'était dans la première moitié du siècle dernier), on n'était pas heureux en Angleterre. Le sol, presque tout entier, appartenait à un petit nombre de grandes familles, les *landlords* ou maîtres de la terre, qui, naturellement, le louaient le plus cher possible aux fermiers ou cultivateurs qui le faisaient valoir. Et comme ces fermiers, ne comprenant pas que le véritable intérêt du producteur, comme du consommateur, c'est la régularité des prix, la certitude de trouver toujours à vendre et toujours à acheter, avaient peur de la concurrence des blés étrangers les landlords, qui faisaient les lois dans le Parlement, en avaient fait une, appelée l'*Échelle mobile*, en vertu de laquelle les blés étrangers ne pouvaient entrer en Angleterre sans payer des droits, calculés, à ce que l'on croyait, de façon à maintenir toujours les prix à un taux élevé, satisfaisant pour eux et pour leurs fermiers, mais très lourd pour les mangeurs de pain. Le résultat, il faut le dire, n'avait pas du tout répondu à leurs calculs. L'*Échelle mobile* n'avait pas assuré la régularité des prix. Au contraire, en supprimant le commerce qui, par ses achats et ses ventes, par ses importations et ses exportations, aurait évité les grands écarts, elle avait exagéré ceux-ci, et, suivant que la récolte était bonne ou mauvaise à l'intérieur du Royaume-Uni, il y avait surabondance ou disette. Tous en souffraient à tour de rôle. Mais les souffrances des pauvres, qui se traduisaient par la faim, étaient les plus vives, et elles provoquaient naturellement, de leur part, de temps à autre, de bruyantes et parfois menaçantes démonstrations. La faim, dans tous les pays, fait sortir le loup du bois.

Mathilde. — Il fallait leur donner du pain, à ces pauvres gens, ou de l'argent pour en acheter.

Jenny. — Il en aurait fallu beaucoup plus que l'on n'aurait pu en donner, et il y avait un moyen bien plus simple de leur venir en aide : c'était de laisser venir à eux la nourriture qui leur manquait. Mais on ne pense jamais à tout, et, en général, ce sont les procédés les plus simples auxquels on pense le moins. En 1819, soixante mille ouvriers, poussés par la misère, s'étaient réunis à Peterloo, près de Manchester, pour protester paisiblement contre le régime de famine dont ils souffraient et réclamer du pain. On leur envoya des balles, et beaucoup d'entre eux, tombèrent sanglants sur le sol. Les souffrances n'étaient pas toujours aussi cruelles, mais elles étaient toujours vives, et les industriels, que les droits mis sur presque tous les objets gênaient à la fois pour leurs ventes et pour leurs achats, se plaignaient, par intérêt personnel comme par intérêt pour leurs ouvriers, et se joignaient aux réclamations de ceux-ci. Rien n'y faisait. Les pétitions de la Chambre de commerce de Manchester étaient impitoyablement repoussées par le Parlement. La patience ne pouvait durer indéfiniment. En 1838, comme la situation, à la suite d'une crise commerciale en Amérique, était devenue intolérable, quelques hommes de cœur (ils n'étaient que sept) se réunirent, et, décidés à obtenir des réformes, entreprirent d'en appeler du Parlement à la nation.

Yvette. — Mais, Jenny, tu nous as dit que tu allais nous parler de Cobden, et tu ne nous en as pas dit un mot.

Jenny. — Un peu de patience; j'y arrive. Ils en étaient là, et ils discutaient sur les moyens à employer quand entra dans la salle un jeune industriel de la ville, Richard Cobden, qui revenait d'un voyage en Allemagne. « C'est l'union qui fait la force, leur dit-il. Les villes commerçantes du nord de l'Allemagne, tant qu'elles sont restées isolées, ont été à la merci des violents. Elles se sont unies, elles ont formé la *Ligue hanséatique*, et on les a respectées. Formons une ligue, nous aussi, la ligue de l'industrie et du commerce contre le monopole de l'aristocratie, et il faudra bien qu'on nous entende. — Oui, reprit un des sept, une ligue contre les droits sur les blés : *an Anti-corn law league.* »

Le plan était formé, le titre trouvé, et aussitôt on se mit en campagne. Et pendant sept ans, jusqu'en 1846, les ligueurs ne cessèrent d'agiter le pays par des articles de journaux, des brochures, des réunions publiques et des discours, dans lesquels ils démontraient au peuple, sous mille formes, combien les droits qui raréfiaient et enchérissaient son pain étaient injustes et malfaisants. Il y avait là, parmi eux, des hommes de grand cœur et de grand talent : Fox, Bright, Villiers, Milner Gibson, Thompson et George Wilson. Mais le plus actif, le plus écouté, le plus populaire fut bientôt Cobden ; et c'est à lui que revient le principal honneur du succès. Car le succès fut complet, et, en 1846, après une résistance acharnée, le Parlement anglais fut obligé de voter, pour le 1er février 1849, la suppression des droits sur les céréales et de la plupart des taxes qui pesaient sur les différents produits. C'est ce que Cobden appelait le « libre repas » : *free breakfast,*

Simone. — Il était donc bien puissant ce Cobden pour avoir fait de si grandes choses ?

Jenny. — Non, ma petite Simone, il n'avait pour lui que sa bonne volonté, son intelligence et sa persévérance ; car c'était, comme son compatriote George Stephenson, dont bon papa nous a conté l'histoire, le pauvre enfant d'un pauvre homme, et, comme on le dit en anglais, un homme qui s'était fait lui-même : *a self made man*. Demandez à bon papa de vous conter aussi sa vie.

LES ENFANTS. — Oh ! oui, bon papa !

LE GRAND-PÈRE. — Soit, mes enfants, mais pas aujourd'hui, ce serait trop pour un jour.

VINGT-QUATRIÈME CAUSERIE

Un vrai grand Homme : Richard Cobden.

LES ENFANTS. — Bon papa, tu vas nous conter l'histoire de Cobden ?

LE GRAND-PÈRE. — Et avec plaisir; car j'aime à parler et à entendre parler de cet excellent homme; et nous venons justement, comme vous l'a dit Jenny, de célébrer, au mois de juin dernier, son centenaire : il était né le 3 juin 1804.

YVETTE. — Alors il n'y a pas longtemps qu'il est mort ?

LE GRAND-PÈRE. — Si, malheureusement. Il est mort en 1865; il n'avait que soixante ans; mais il avait tant travaillé et il avait eu tant de chagrins !

SIMONE. — Est-ce que tu l'as connu ?

LE GRAND-PÈRE. — Pas autant que je l'aurais voulu; mais j'ai correspondu avec lui, et je l'ai vu trois fois. J'ai même dîné chez lui, à Paris, avec votre bonne maman, et en tout petit comité. Je vous dirai tout à l'heure à quel propos. Pour le moment, écoutez son histoire. Ce n'est pas seulement celle d'un grand homme, c'est celle d'un brave homme, ce qui vaut mieux, et, comme Jenny vous l'a dit, d'un homme qui s'est formé lui-même, lui seul, en dépit de toutes les difficultés.

Simone. — Comme Stephenson, ton petit Poucet ?

Le grand-père. — Et comme beaucoup parmi les plus illustres : comme Pasteur, comme Édison, comme Franklin, etc. Il y a eu un pape très célèbre, Sixte-Quint, qui avait gardé les cochons dans sa jeunesse. Cobden avait, dans son enfance, gardé les moutons. Son père était un pauvre fermier de Middhurst, pas bien fort, peut-être pas très habile, qui avait grand'peine à donner du pain à ses enfants, et il fallait que tout le monde se rendît utile dans la famille.

Marthe. — C'est peut-être parce qu'il avait eu du mal, quand il était petit, que Cobden, quand il a été grand, a cherché à améilorer la condition de ses compatriotes.

Le grand-père. — Justement. Il avait eu faim, et il souffrait de la faim des autres. Il avait eu aussi de la peine à s'instruire, et il voulait aider les autres à apprendre. A quinze ans, après avoir été mis dans une mauvaise pension, où il avait été très maltraité, il était entré comme commis chez un oncle, un beau-frère de sa mère, qui n'était pas méchant, mais qui n'était pas intelligent, et qui ne voulait pas lui permettre d'étudier dans sa chambre, en se levant de grand matin ou en se couchant tard.

MATHILDE. — C'était bien sot. Il aurait dû être content de voir son neveu devenir plus habile.

LE GRAND-PÈRE. — Très sot, en effet. Mais il y a beaucoup de gens comme cela qui s'imaginent que si leurs employés savent faire autre chose que la besogne matérielle qu'ils leur donnent à faire, ils la feront moins bien. Il y a toujours avantage à avoir affaire à des gens intelligents. L'oncle de Cobden finit par s'en apercevoir; et il fut bien heureux un jour, ayant besoin d'un voyageur habile pour ses affaires, de le trouver sous sa main dans la maison. Cobden aussi ne fut pas malheureux d'avoir l'occasion de voir du pays et de s'instruire autrement que par les livres. Ce fut même dans ce voyage qu'il rencontra deux autres jeunes gens capables, avec lesquels il s'associa d'abord pour ouvrir, à Londres, une maison où ils recevaient, pour les vendre, les colonnades de Manchester. Il avait eu, par sa figure ouverte et par sa façon de se présenter, le bonheur d'obtenir la confiance de grands industriels, qui leur livraient des marchandises à crédit et, comme on dit, « à condition ».

Plus tard, nos trois jeunes gens s'établirent eux-mêmes manufacturiers, imprimeurs sur cotons à Manchester; et Cobden devint bientôt un des hommes importants de la ville. Il était en train de faire fortune, et il fût devenu certainement très riche en quelques années sans deux circonstances, qui font grand honneur à son cœur, mais qui ne firent pas de bien à sa bourse.

LES ENFANTS. — Quoi donc, bon papa ?

LE GRAND-PÈRE. — D'abord, il aimait beaucoup sa famille.

YVETTE. — Il avait bien raison.

LE GRAND-PÈRE. — Sans doute; mais même l'affection pour les siens doit être raisonnable, et peut-être la sienne ne le fut-elle pas. Dès que ses affaires avaient été meilleures, il avait pris soin d'assurer l'existence de tous les siens. Il avait, notamment, cherché à établir son frère aîné, Frédéric, qui était revenu pauvre d'Amérique, puis, celui-ci n'ayant pas réussi, il l'avait pris pour associé dans sa manufacture. Et ce fut une grande faute; car si les choses allèrent à peu près tant qu'il put rester à la tête de sa maison, elles allèrent très mal quand la seconde circonstance arriva, c'est-à-dire quand, pour se dévouer aux intérêts de son pays, Cobden fut obligé de négliger les siens et de laisser davantage la bride sur le cou à son frère. Sans l'intervention de son grand ami, John Bright, il aurait été, au moment où l'on avait le plus besoin de lui, absolument ruiné et réduit à abandonner ses compagnons de lutte.

MARTHE. — Quel dommage, et comme les pauvres

anglais, dont il a fait affranchir la nourriture, auraient été malheureux d'être privés de leur défenseur !

LE GRAND-PÈRE. — Vous savez qu'il n'en a rien été. Et je ne veux pas revenir sur ce que Jenny vous a si bien conté. Mais je veux vous faire connaître quelques traits qui peignent le caractère de l'homme.

Ernest et Gabrielle nous ont parlé, à propos des machines, de la triste situation des pauvres enfants enfermés dans les usines. C'est en Angleterre qu'on a commencé à employer les enfants pendant de longues et pénibles journées; et c'est la guerre, la vilaine guerre qui tue les hommes et qui ruine les familles en les plongeant dans le deuil, qui en a été en grande partie la cause.

LES ENFANTS. — Comment cela, bon papa ?

LE GRAND-PÈRE. — En enlevant les ouvriers aux ateliers. Vous vous rappelez que Stephenson, veuf et seul soutien d'un père aveugle et d'un petit enfant, fut sur le point d'être envoyé à l'armée, ce qui aurait retardé l'invention des chemins de fer. On se plaignait, au Parlement anglais, de ne plus trouver d'hommes pour faire marcher les fabriques. « Prenez les enfants », répondit le premier ministre Pitt, qui ne se rendait pas compte sans doute des conséquences effroyables de ce qu'il disait. Et l'on prit les enfants. Plus tard, ce fut un manufacturier, le premier Robert Peel, le père du grand ministre qui a réalisé la réforme demandée par Cobden, qui commença le mouvement de protestation contre cet abus. « Sauvez les enfants ! » s'écria-t-il à son tour, lorsque, grâce à la fortune qu'il avait gagnée dans la filature, il fut devenu membre du Parlement anglais.

Marthe. — Ah ! c'est bien cela ! Mais Cobden, qu'est-ce qu'il a fait ?

Le grand-père. — Cobden, quand il s'établit imprimeur sur coton, dans le voisinage de la ville de Manchester, fut frappé de l'état de misère, d'ignorance et de saleté dans lequel croupissaient les enfants de la localité. L'une de ses premières dépenses fut pour fonder une école. Mais il ne suffit pas de mettre les bonnes choses à la portée des gens ; il faut les leur faire comprendre. Savez-vous ce qu'il imagina pour donner à ces petits sauvages l'envie d'être moins sauvages ? Il fit venir de l'une des bonnes écoles de la ville une troupe d'une vingtaine d'enfants bien vêtus, bien élevés, ayant l'habitude de la propreté et le goût de l'étude ; et par ce bon exemple, par cette leçon de choses, il donna aux enfants et aux parents le goût de la bonne tenue et le sentiment de la valeur de l'instruction.

Les enfants (*battant des mains*). — Bravo, Cobden !

Le grand-père. — Voici un autre trait. Il y avait, vous vous le rappelez, un endroit où, en

1819, une scène sanglante s'était passée. Une manifestation paisible contre la cherté du pain avait été dispersée sans pitié, et beaucoup de pauvres gens avaient été tués ou blessés. Cobden voulut consacrer ce douloureux souvenir en le purifiant. Et ce fut à cet endroit même qu'il fit élever, en quelques semaines, la grande salle pouvant contenir dix mille personnes dans laquelle fut proclamée, dans la nuit du 29 février 1849, que le bon temps était venu.

Après la lutte, lorsque la reconnaissance de ses concitoyens lui eut rendu l'aisance qu'il avait sacrifiée pour eux, il racheta, en l'agrandissant, la ferme de Middhurts, où il était né, y fit construire une habitation convenable et y rassembla toute sa famille.

SIMONE. — Oh! je suis contente! Il a pu au moins jouir de son succès et être heureux pendant ses dernières années.

LE GRAND-PÈRE. — Hélas! non. D'abord, après avoir été reconnaissante, l'Angleterre s'est montrée bien ingrate. Pour avoir blâmé la guerre de Crimée faite par l'Angleterre et la France à la Russie, qui a coûté une douzaine de milliards et causé la mort de près d'un million d'hommes, Cobden et John Bright ont été, pendant quelques années, voués à l'impopularité la plus grossière.

MATHILDE. — Oh! la vilaine chose!

LE GRAND-PÈRE. — C'est le sort commun de tous

les hommes qui aiment mieux servir leurs pays que de le flatter, et ils en prenaient leur parti. Il n'en peut être de même, malheureusement, des deuils personnels. Cobden, qui a laissé plusieurs filles encore vivantes, n'avait qu'un fils, qui promettait d'être son digne continuateur. Le jeune homme, qui achevait son éducation en Allemagne, lui fut subitement enlevé, et la désolation de la pauvre mère fut telle que le père, si affligé lui-même, fut réduit, pendant de longs mois, à s'occuper exclusivement d'essayer de la distraire en la promenant comme un enfant à travers le monde. Voilà, mes chers petits, le revers des plus belles situations. Vous savez ce que sont de telles douleurs dans les familles.

LES ENFANTS. — Oh ! oui, bon papa. Mais tu nous as dit que tu avais vu Cobden et Mme Cobden ; comment cela ?

LE GRAND-PÈRE. — C'est bien simple. A la fin de 1859, Cobden vint à Paris avec l'intention d'obtenir du gouvernement de l'empereur la réforme du tarif de nos douanes, et d'opérer entre son pays et le nôtre, qui semblaient bien près de se déclarer la guerre, un rapprochement qui assurerait le maintien de la paix. Il y a réussi, en effet ; et le résultat a été, jusqu'à la guerre de 1870 au moins, des plus avantageux.

Je voulus profiter de l'occasion, et je me fis conduire chez lui par un ami commun, M. Paillottet.

C'est même là que j'ai rencontré un autre grand homme de bien, le célèbre industriel alsacien Jean Dolfus, un grand ami de la paix, lui aussi, qui est devenu mon ami.

MARTHE. — Et quel homme était-ce, bon papa?

LE GRAND-PÈRE. — Un homme comme un autre, mes enfants : très simple, comme sont les hommes vraiment supérieurs, très doux, très bon et très fin. En sortant de chez lui, le jour où nous y avions passé la soirée, je disais à votre grand'mère : « Je n'oublierai jamais le regard de cet homme. Il semble vous dire : « Je ne te tromperai pas ; mais tu ne me tromperas pas ! » « C'est la droiture même, avec la clairvoyance la plus pénétrante. Ne pas se laisser tromper et ne tromper personne, que peut-on bien souhaiter de mieux? »

VINGT-CINQUIÈME CAUSERIE

Le Luxe.

MATHILDE. — Bon papa, nous sommes allés tantôt au Jardin d'acclimatation. Il y avait des dames qui avaient de belles toilettes, des robes de soie avec des dentelles, des manteaux de velours, des chapeaux à plumes et des bijoux, des bracelets, des diamants, des broches ! Tout le monde les regardait.

LE GRAND-PÈRE. — Et que disait-on?

MATHILDE. — Il y avait des gens qui les admiraient et qui disaient qu'elles étaient bien heureuses et qu'ils voudraient bien être à leur place ; et il y en avait d'autres qui les blâmaient et qui disaient que c'était ridicule d'étaler tout ce luxe dans la rue ; que cela faisait envie aux pauvres femmes qui ont bien de la peine à mettre une mauvaise robe à leurs enfants et que c'était une sotte vanité. Il y avait même un homme mal vêtu et de mauvaise humeur qui grognait tout haut et disait que c'était une honte de voir des propres à rien insulter ainsi à la misère des braves ouvriers qui sont utiles, et qu'on devrait bien leur prendre tous leurs oripeaux pour en faire de l'argent et le donner aux malheureux.

LE GRAND-PÈRE. — Et toi, qu'est-ce que tu pensais?

MATHILDE. — Je ne sais pas, moi, bon papa. Je trouve que c'est très beau, ces étoffes, ces bijoux, ces dentelles et les beaux équipages, les beaux chevaux et les beaux meubles, et que ce serait dommage qu'il n'y en eût pas. Mais il me semble aussi que c'est triste de penser qu'avec ce que cela coûte on pourrait nourrir et habiller tant de monde, et puis, comme le disaient quelques-uns, que cela excite de mauvais sentiments.

MARIE. — Mais, bon papa, est-ce que cela ne sert pas aussi ? Pour faire toutes ces belles choses, il a fallu travailler; ceux qui les ont faites ont été payés, et ils ne seraient peut-être pas contents si on cessait de faire de la toilette et d'avoir des équipages.

LE GRAND-PÈRE. — Ton observation est juste, mon enfant; tout travail et toute dépense servent toujours à quelqu'un. Et puis chacun a le droit de faire ce qu'il veut de ce qu'il possède, quand il l'a acquis honnêtement, mais il faut voir si on est réellement innocent en ne songeant qu'à jouir de sa fortune et à en faire parade.

PAUL. — Bon papa, tu dis qu'on pourrait dépenser mieux autrement ; mais dépenserait-on ? Il y a des gens qui font des économies, qui achètent des actions de chemins de fer ou des terres qui leur rapportent, et l'on dit qu'ils vivent de leurs rentes, sans rien faire. En quoi sont-ils utiles?

LE GRAND-PÈRE. — Je vais t'étonner en te disant qu'ils sont bien plus utiles et qu'ils entretiennent bien plus de travail que ceux qui, ne mettant rien de côté, passent pour dépenser plus qu'eux. Mais ceci demande un peu plus de développement. Vous allez le comprendre. En attendant, mes chers enfants, n'ayez pas peur de mettre une jolie robe, de porter un veston propre ; mais gardez-vous du désir de vous faire remarquer, et restez convaincus que la simplicité est la plus belle des parures. Sans compter que tout ce qui reluit n'est pas or, et qu'il y a bien du faux luxe et du luxe mal acquis et mal payé.

MARINE. — Bon papa, tu viens de nous dire que l'homme économe, qui met de côté une partie de ses revenus, dépense autant que celui qui n'a pas un centime de reste au bout de l'année. Comment cela se peut-il ? Si je garde de l'argent dans un tiroir, il ne circule pas comme si je l'avais donné au boucher ou à l'épicier ?

LE GRAND-PÈRE. — Assurément; mais on n'a pas l'habitude, quand on fait des économies, de garder son argent dans un coin, à ne rien faire, comme on dit. On le place, c'est-à-dire qu'on le dépense autrement, d'une façon que l'on trouve plus avantageuse pour soi, et qui l'est aussi pour les autres. On achète une terre, ou une maison; c'est bien dépenser, n'est-ce pas? Et celui à qui on en paie le prix n'en profite pas moins que si on lui avait acheté un équipage, des tableaux ou des meubles de luxe. On prend des actions dans une entreprise, une mine, un chemin de fer, une usine; la somme avec laquelle on se procure ces actions est employée à payer des travaux, c'est-à-dire des ouvriers, des ingénieurs, des mécaniciens, des chefs de gare et des surveillants. Il est dépensé d'une façon différente, mais tout aussi réellement que s'il avait servi à solder la note d'un restaurateur ou d'un bijoutier, et d'une façon plus utile, puisqu'il sert à payer des travaux qui, en faisant vivre aujourd'hui ceux qui les font, enrichissent la société et préparent de nouvelles richesses et de nouveaux moyens de travail.

ADRIEN. — Je comprends bien cela, bon papa; c'est ce que tu nous as déjà dit en nous parlant du capital. Si l'on mangeait tout son blé chaque année, il n'y en aurait jamais davantage. Et même pour qu'on en ait l'année suivante, il faut qu'on ait commencé par en épargner pour semer. De même, pour faire des routes, des chemins de fer, des usines, il faut que l'on ait réservé de quoi faire vivre et travailler les ouvriers jusqu'à ce que ces ouvrages rapportent.

MARINE. — Alors. bon papa, il faut dépenser le moins possible, et les gens qui habitent de belles maisons, qui portent de beaux habits, qui ont des chevaux et des voitures ont tort; ils devraient s'en passer et faire des économies pour les placer?

LE GRAND-PÈRE. — Tu vas trop loin, mon enfant; il faut de la mesure en tout, même dans la sagesse. C'est saint Paul qui l'a dit, et il a bien dit. L'économie est bonne, et elle est nécessaire, parce qu'elle est une assurance contre l'avenir et parce qu'elle est la condition du progrès. Mais si de ce progrès on ne jouissait pas; si on ne s'accordait jamais des satisfactions nouvelles, ce ne serait plus la peine de travailler et d'épargner. Il est naturel de désirer améliorer sa condition; et quand on y parvient par son travail et par son intelligence, l'amélioration est légitime. Elle est même bienfaisante. Et c'est pourquoi, en condamnant la dissipation, la prodigalité et l'ostentation, il faut respecter et voir sans envie le développement naturel de l'aisance et du bien-être. C'est ce que l'un des hommes les plus sages et les meilleurs qui aient existé, Benjamin Franklin, nous enseigne par deux leçons en apparence contradictoires et, en réalité, concordantes. Ce sont des anecdotes qui ne vous déplairont pas. Je vais vous les conter.

LES ENFANTS. — Des histoires ? Oh ! nous les aimons tant !

Le grand-père. — Alors ce sera moi qui parlerai tout le temps ? Je veux vous entendre aussi un peu. Voyons, j'ai dit que c'était Franklin qui allait nous faire la leçon. Qu'est-ce que c'était que Franklin ? Qui va me le dire ?

Simone. — Moi, bon papa. C'était un Américain, très pauvre, qui a commencé par avoir bien du mal. Il a d'abord, dans son enfance, aidé son père à fabriquer des chandelles en coulant le suif fondu dans des moules ; ensuite, il a été apprenti imprimeur ; puis il s'est établi à son compte ; et tout en travaillant (car il faisait tout dans sa boutique), il s'est instruit, a publié un almanach qu'il appelait l'*Almanach du Bonhomme Richard*; et plus tard enfin il est devenu un grand savant, C'est lui qui a prouvé que l'électricité n'était autre chose que la foudre. Puis il a été envoyé en France comme ambassadeur pour négocier une alliance de ses compatriotes avec le roi Louis XVI.

Le grand-père. — Parfaitement. Et l'on voit que tu es forte en histoire. Eh bien ! c'est précisément pendant que Franklin était en France qu'il reçut une lettre de sa fille Sarah. A cette époque, les Américains, qui étaient des colons anglais révoltés contre les exigences arbitraires de la mère-patrie, étaient en train de conquérir leur indépendance ; mais ils n'y avaient pas encore réussi, et c'était un d'entre eux, George Washington, dont ils avaient fait leur général, qui commençait à battre les troupes anglaises. Sarah Franklin écrivait à son père que le général Washington devait venir dans deux ou trois mois à Philadelphie, où elle habitait; qu'on devait lui donner une grande fête, et que, pour faire honneur à son père en cette occasion, elle le priait de lui envoyer des plumes et des dentelles.

« Ma chère enfant, répondit Franklin, votre lettre m'a fait de la peine. C'est comme si vous m'aviez mis du sel dans mes fraises. Vous ne tricotez donc plus; vous ne faites donc plus de charpie pour les blessés ? Il vous faut des plumes ? Vous en trouverez à la queue de tous les coqs d'Amérique. De la dentelle ? Faites comme votre père : portez vos manchettes jusqu'à ce qu'elles soient effilochées; cela vous fera de la dentelle. Vous voulez être parée, dites-vous, pour faire honneur au goût de votre père ? Sachez qu'au milieu de la misère universelle le goût de votre père est que vous ne soyez point parée. »

Les enfants. — Oh ! il était bien sévère, ce Franklin. Tu nous as dit pourtant qu'on peut bien trouver parfois plaisir à avoir une jolie toilette.

Le grand-père. — Oui, il était bien sévère ce jour-là, parce qu'on était encore en guerre et comme il le disait, au milieu de la misère universelle. C'est la première note. Voici la seconde, qui vous donnera satisfaction.

« J'avais reçu, dit-il, d'un batelier du cap May, un service pour lequel je ne pouvais guère offrir à ce brave homme quelque menue monnaie. Ne sachant comment m'y prendre pour le remercier, je consultai Mme Franklin ; et celle-ci ne trouva rien de mieux que d'envoyer à sa fille, qui commençait à être grande, un joli bonnet avec des rubans. Une couple d'années se passèrent sans que je revisse mon batelier. L'ayant rencontré enfin en compagnie d'un gros fermier du voisinage, nous renouâmes connaissance et nous nous mîmes à causer. Au bout de quelque temps, je crus pouvoir lui parler du bonnet et lui demander s'il avait fait plaisir à sa fille. « Oh ! je crois bien, monsieur « Franklin, me répondit-il. Mais tout de même « c'est un cadeau qui a coûté bien cher au village.— « Comment cela, mon ami ? — Dame, quand ma « fille a paru dans l'assemblée avec ce joli bonnet, « toutes ses compagnes ont voulu en avoir un « pareil ; elles n'en portent plus d'autres ; et nous « avons calculé que ça avait coûté au moins 500 dol-« lars dans le pays. — Diable ! c'est une grosse « dépense que cela. — Assurément, dit à son « tour le fermier. Mais vous ne dites pas tout, « père Mathieu. Il faut faire savoir à M. Franklin « que, pour payer leurs bonnets et leurs rubans, « nos filles se sont mises à tricoter des bas et des « mitaines pour la ville. Et c'est une industrie qui « rapporte gros. » Ma foi, ajoutait Franklin, je ne fus pas mécontent de cet échantillon de ce que peut produire le luxe. Car, en fin de compte, ces braves filles payaient leur plaisir par leur travail ; et s'il leur était agréable d'avoir la tête un peu ornée, il ne nous déplaisait pas, à nous, à la ville, d'avoir les mains et les pieds chauds. »

LES ENFANTS. — A la bonne heure ! Cette histoire-là, bon papa, elle est bien plus jolie que l'autre, et Franklin avait bien raison cette fois d'être de bonne humeur.

LE GRAND-PÈRE. — Oui, mes enfants, cette fois, parce que cette fois la petite jouissance que procurait un luxe modeste ne nuisait à personne, bien au contraire. Mais il avait raison aussi l'autre fois ; parce qu'alors, au milieu de la misère universelle, tout devait être réservé pour les nécessités de la guerre et pour le soulagement de ceux qui souffraient.

MADELEINE. — C'est vrai,, bon papa ; et tu as eu raison de nous dire qu'il fallait, pour ne rien exagérer, combiner la morale de ces deux histoires.

LE GRAND-PÈRE. — Et alors, qu'est-ce que tu conclus, toi ?

MADELEINE. — Je conclus, comme tu le disais tout à l'heure, qu'il ne faut pas être jaloux des satisfactions que les autres peuvent se donner, quand elles sont honnêtes et qu'elles sont la récompense de leur travail. Je conclus que si personne ne pouvait se permettre de jouir de son aisance ou de sa fortune, personne n'aurait intérêt à travailler ; et le progrès ne se ferait pas. Tout le monde porte aujourd'hui des chemises et des souliers. Il y a eu un temps où c'était un luxe bien rare. Si l'on avait alors proscrit les chemises et les souliers, nous n'en porterions pas aujourd'hui. Mais je conclus en même temps que s'il est permis de jouir des choses vraiment utiles, il n'est pas permis de gaspiller sa fortune en dépenses ridicules, et qu'il faut faire attention à ne pas insulter par de folles prodigalités à la pauvreté de ceux qui sont obligés de se priver; car il y a toujours, malheureusement, de la misère autour de nous ; et pour n'être pas toujours imméritée, elle ne doit pas moins être respectée.

LE GRAND-PÈRE. — Voilà qui est bien résumé, et je n'ai qu'à dire : *Amen.* Oui, d'une part, il faut bien que les améliorations commencent par être rares ; et, si personne ne pouvait se payer les choses nouvelles et chères, il ne se ferait jamais de perfectionnements. Les chemises de toile ont été un grand luxe que l'on reprochait à la reine Isabeau. Qui est-ce qui n'a pas une chemise aujourd'hui ? La première paire de bas tricotés que l'on ait vue en Angleterre a été un cadeau magnifique du roi Philippe II à la reine Élisabeth. Il fallait être, il y a cent·cinquante ans, un bon bourgeois pour avoir un vêtement de drap complet. Vous savez à quel prix on s'en procure un aujourd'hui. Le café et le chocolat ont été réservés d'abord à quelques privilégiés ; bien des gens qui se plaignent de leur pauvreté ne voudraient plus s'en passer. Il y a partout aux magasins, aux boutiques, aux fenêtres des appartements, des glaces sans tain, ou des vitres d'une seule pièce. J'ai vu poser la première chez le chocolatier Marquis, rue Vivienne, et tout le monde disait qu'il allait se ruiner avec ce luxe insensé. Vous voyez comment la demande appelle l'offre, la rareté devient l'abondance et la cherté provoque le bon marché. Mais s'il est juste, dès lors, de ne point se refuser, quand on est en mesure de les payer, des satisfactions honnêtes, qui peu à peu, en se multipliant, se répandent de proche en proche, il est insensé et coupable de sacrifier, par pure vanité et pour le vilain plaisir de faire envie aux autres, des sommes considérables. Ce sont les yeux des autres qui nous perdent, a dit encore Franklin, et, à l'inverse, nous perdons les yeux des autres quand, sans motif avouable, nous nous exposons à les faire souffrir par le contraste de notre manière de vivre et de la leur, ou à exciter en eux des sentiments de jalousie et de haine.

VINGT-SIXIÈME CAUSERIE

L'Assurance.

MATHILDE. — Oh ! bon papa, tu ne sais pas ? La
belle meule de blé que nous avions vu faire l'autre
jour, et au haut de laquelle on avait planté un
mât avec un bouquet, elle est brûlée. C'est un
grand malheur, n'est-ce pas, bon papa ?

LE GRAND-PÈRE. — Oui, mon enfant, c'est un
grand malheur. C'est toujours un malheur quand
quelque chose d'utile est détruit ; et surtout quand
c'est par la faute de quelqu'un ; ce qui est probablement le cas ici.

YVETTE. — Pourquoi probablement, bon papa ?
Est-ce que la meule de blé peut avoir brûlé sans
qu'on y ait mis le feu ?

LE GRAND-PÈRE. — Oui, mes enfants ; la paille,
le foin, quand ils ne sont pas bien secs, fermen-
tent, s'échauffent, et quelquefois finissent par
s'enflammer. Vous avez tous vu fumer du fumier,
n'est-ce pas ?

Mathilde. — Oh! oui, et c'est peut-être parce qu'il fume qu'on l'appelle fumier.

Paul. — Sans doute. Et c'est parce qu'il s'échauffe que l'on s'en sert pour faire des couches au moyen desquelles on avance la croissance des plantes et l'on obtient des fleurs, des fruits ou des petits pois, bien avant qu'il puisse y en avoir en pleine terre.

Le grand-père. — Bien dit. Il est rare cependant que le fumier s'enflamme; mais pour le foin, cela n'est pas très rare. Et quand on met en meule du foin mal fané, on s'expose à le voir brûler. Mais ce n'est pas ainsi sans doute qu'a brûlé la meule d'à côté. Le blé était bien sec. Il a donc fallu que le feu y ait été mis.

Tous. — Oh! bon papa, est-ce qu'on met le feu aux meules de blé? Est-ce qu'il peut y avoir des gens assez méchants pour détruire le blé des pauvres cultivateurs?

Le grand-père. — Oui, mes enfants, il y a des gens qui, par pure méchanceté, pour faire du mal, se plaisent à détruire. Il y en a aussi qui, par vengeance, croyant avoir à se plaindre de quelqu'un, s'en prennent à ses biens, empoisonnent son bétail, font périr ses arbres, ou mettent le feu à sa maison ou à ses récoltes.

Adrien. — Mais ce sont de grands criminels!

Le grand-père. — Assurément. Aussi la loi est-elle très sévère pour eux. Autrefois, on les condamnait à mort. Aujourd'hui, la peine de mort, qui n'est plus guère appliquée, n'est plus prononcée par la loi que pour les incendies de maisons habitées. Mais ce n'est pas toujours par mauvaise intention que l'on met le feu. C'est souvent, le plus souvent, par ignorance, par négligence, par inconscience. C'est un fumeur qui a mal éteint une allumette, un enfant qui s'est amusé, comme vous l'autre semaine, à faire brûler un tas de mauvaises herbes, un jour où il y avait du vent, un berger ou un bûcheron qui a fait du feu pour se chauffer. Dans certains pays, où il fait très sec et où il y a de grandes prairies déjà brûlées par le soleil, il se produit ainsi parfois des incendies terribles, qui s'étendent rapidement sur de grands espaces; et quand ils atteignent des bois de pins, comme dans les Landes, c'est une mer de feu, de laquelle les bêtes et les gens qui sont surpris par elle ne parviennent pas à s'échapper. On a vu des trains de chemin de fer enveloppés ainsi par les flammes, que le mécanicien, en forçant la vapeur et les lançant à toute vitesse, a eu grand'peine à sauver. Encore les voyageurs, lui surtout, avaient-ils sérieusement souffert de la chaleur de cette fournaise qu'ils avaient traversée.

MARIE. — Cela doit être bien affreux!

LE GRAND-PÈRE. — Oui, mes enfants. Et voilà comment le danger est à côté de l'utilité, et le mal à côté du bien. Il n'y a rien de plus utile, de plus nécessaire que le feu et l'eau, mais il n'y a rien de plus terrible. Je ne sais même pas si une inondation n'est pas encore plus redoutable qu'un incendie. Mais revenons à notre meule. On ne sait pas comment le feu y a été mis ?

CHARLES. — Non, bon papa. On croit cependant que ce sont des vagabonds qui, mécontents de n'avoir pu trouver à coucher et à manger chez le fermier, ont voulu se venger en détruisant sa récolte.

YVETTE. — Est-ce qu'on ne les rattrapera pas ?

LE GRAND-PÈRE. — Peut-être. Mais, qu'on les rattrape ou non, le mal est fait et il n'y a pas moyen de le réparer.

SIMONE. — Alors le pauvre fermier va être ruiné ?

LE GRAND-PÈRE. — Non, je l'espère. Et le mal, en réalité, sera plus grand pour nous, je veux dire pour la société, que pour lui.

LES ENFANTS. — Comment cela, bon papa ? C'est lui qui perd son blé et pas nous.

LE GRAND-PÈRE. — Oui, c'est lui qui perd son blé ; mais ce n'est pas lui qui en perd la valeur. Et une meule brûlée, c'est du blé de moins sur le marché, par conséquent moins de nourriture pour l'ensemble des habitants. Beaucoup de meules brûlées, ce pourrait être un renchérissement appréciable du pain.

ADRIEN. — C'est vrai cela et bien facile à comprendre. Mais comment se fait-il que le fermier, lui, n'en souffre pas davantage ? Je sais bien ce que tu vas me dire : il était assuré.

LE GRAND-PÈRE. — Oui, il était assuré, et, en vertu de son assurance, il va se faire rembourser l'équivalent du prix de sa marchandise. Mais la marchandise n'en est pas moins perdue.

YVETTE. — Bon papa, tu nous as déjà parlé une fois de l'assurance. Mais je n'ai pas bien compris ce que c'est et comment il peut se faire que les gens qui éprouvent des pertes n'en souffrent pas.

LE GRAND-PÈRE. — Ils en souffrent, mes enfants ; car il n'est pas possible qu'un malheur ne soit pas un malheur ; mais ils n'en souffrent pas autant, et surtout de la même façon, que s'ils n'étaient pas assurés. C'est le résultat de la prévoyance et l'un des bienfaits de l'association. S'assurer, c'est, en réalité, s'entendre avec un certain nombre de personnes exposées aux mêmes risques, pour partager à tour de rôle les conséquences de l'accident, du sinistre, comme on dit. Et c'est (je vous expliquerai cela demain) même sans se connaître, de l'assistance mutuelle et de la solidarité volontaire.

VINGT-SEPTIÈME CAUSERIE

L'Assurance (*suite*).

CHARLES. — Bon papa, tu nous as promis hier de nous expliquer le mécanisme de l'assurance.

LE GRAND-PÈRE. — Oui, mon enfant. Et je vous ai dit que c'était une assistance mutuelle. Pour que vous le compreniez bien, nous remonterons aux premières formes de cette assistance.

Un brave cultivateur, sur le point de faire sa moisson, tombe malade, ou se casse la jambe. Impossible d'aller aux champs : la récolte sera perdue et l'homme ruiné.

MARTHE. — Oui, si personne n'a pitié de lui. Mais si ses voisins ont quelque affection pour lui ou seulement un peu de prévoyance, ils ne manqueront pas de se dire : « Il faut venir en aide à ce pauvre Jean-Pierre, d'abord parce qu'on doit s'aider entre camarades et, ensuite, parce que si pareil accident nous arrivait, nous serions bien aises qu'on nous rendît le même service. »

LE GRAND-PÈRE. — Oui, et c'est ce qui se passe encore dans beaucoup d'endroits reculés de la campagne. Quand un malheur arrive à l'un des habitants, les autres se cotisent, pour le réparer dans la mesure du possible. Si une chaumière brûle, on s'entend pour la reconstruire; et sans qu'il y ait à ce sujet de conventions écrites, il est reçu que les gros dommages sont supportés en commun. C'est de l'assurance, de l'assurance volontaire et bienveillante, de *l'assurance mutuelle.*

MARTHE. — Oh ! comme cela, bon papa, c'est bien facile à comprendre. Mais ce n'est plus du tout de cette façon que les choses se passent. Ta maison est assurée à une grande compagnie à laquelle sont assurés avec toi une foule de gens que tu ne connais pas : il n'y a plus là d'assistance ni de bienveillance.

LE GRAND-PÈRE. — De la bienveillance peut-être plus ; mais de l'assistance si, et de la mutualité. D'abord il y a encore, soit pour les maisons, soit pour le bétail, soit pour la maladie, ou pour la vieillesse qui rend le travail difficile ou impossible, des assurances *mutuelles :* Sociétés de secours mutuels, Caisses de retraite, etc., dont les membres se connaissent, se surveillent eux-mêmes et ne permettent pas que l'on accorde le secours de maladie à l'homme qui s'est rendu malade par sa faute et ferait ainsi payer aux autres sa mauvaise conduite. Ces sociétés sont très utiles non seulement par la sécurité qu'elles donnent à leurs membres, mais par la bonne influence qu'elles exercent sur leur conduite et les habitudes de prévoyance et d'épargne qu'elles leur font prendre.

Ce genre d'assurance cependant ne s'applique plus guère aux grands sinistres, ou, quand il s'y applique, il n'a plus le même caractère ; car, comme Marthe le disait tout à l'heure, les assurés ne se connaissent plus les uns les autres. Il y a encore des compagnies d'assurance mutuelle contre l'incendie, à Paris et dans quelques départements. Mais elles sont administrées par des hommes d'affaires, qui se chargent de faire estimer la valeur des maisons, évaluer l'importance des dégâts en cas d'incendie, et de faire toucher, tous les ans, chez les assurés, la somme qu'ils doivent payer. Comme cette somme dépend de l'importance des sinistres pendant l'année, elle ne peut pas être fixée à l'avance, et est tantôt plus faible, tantôt plus forte. Cela ne convient pas à tout le monde. En général, on aime bien à savoir à quoi s'en tenir. Et alors il s'est formé d'autres compagnies, dites à *primes fixes*, qui, moyennant un versement proportionnel à la valeur des choses assurées (60 ou 80 centimes pour 1000 francs, par exemple), s'engagent à vous rembourser l'équivalent de votre perte.

CHARLES. — Mais les gens qui organisent ces compagnies ne font pas cela pour rien. Et puis où trouvent-ils de l'argent pour rembourser les pertes?

LE GRAND-PÈRE. — Non, ils ne font pas cela pour rien. Toute peine mérite salaire ; et il est juste qu'ils y trouvent leur compte. Mais, grâce à eux, l'on peut dormir tranquille : si le navire fait naufrage ; si l'usine brûle, l'armateur, le manufacturier, ou le propriétaire de l'immeuble ne seront pas ruinés.

YVETTE. — Et les pauvres matelots, bon papa, ou les pauvres ouvriers de la manufacture, à quoi leur servira-t-elle l'assurance qui aura indemnisé le chef d'industrie ou le commerçant ?

LE GRAND-PÈRE. — Mes chers enfants, je ne vous ai pas dit que l'assurance pourvoit à tout. Je vous ai dit, au contraire, qu'elle ne fait que diminuer le mal en le partageant. Les hommes qui périssent dans un naufrage ne peuvent pas être ressuscités ; et les ouvriers dont les métiers ont été détruits dans l'incendie de l'usine sont privés de leur travail: cela est malheureusement trop vrai. Ne croyez pas cependant que l'assurance ne puisse rien pour eux ou du moins pour leur famille. De même qu'il y a l'assurance contre la maladie, il y a l'assurance contre la mort, qui n'empêche pas de mourir, mais qui empêche que la mort ne soit la ruine de la famille. Un homme prévoyant, en faisant tous les ans le sacrifice d'une retenue sur son salaire, sur son revenu, ou sur le bénéfice qu'il réalise dans ses affaires, peut avoir au moins la certitude, s'il disparaît, de laisser à sa femme et à ses enfants un modeste équivalent de ce qu'il faisait pour eux pendant sa vie.

Marthe. — Tout le monde s'assure alors, bon-papa ?

Le grand-père. — Non, hélas ! il y en a qui ne sont vraiment pas en état de sacrifier quelque chose de leurs ressources journalières ; et il y en a beaucoup trop qui le pourraient, mais qui ne le font pas par insouciance ; parce qu'ils préfèrent une petite satisfaction actuelle : un petit verre, une partie de plaisir, un ruban, un colifichet, à la satisfaction lointaine de garantir leur femme ou leurs enfants contre la misère.

Yvette. — Et les ouvriers, bon papa, qu'est-ce que l'assurance fait pour eux ? Comment, dans le cas de tout à l'heure, sont-ils moins malheureux que si leurs patrons n'avaient pas été assurés ?

Le grand-père. — Voici ce que j'ai lu un jour, il y a trente-six ans, sur une affiche, dans la ville de Mulhouse, qui était alors française : « *Messieurs X. et X., dont l'établissement vient d'être incendié, préviennent le public que si leurs ouvriers se présentaient pour demander des secours, comme privés de travail par suite du sinistre, ils ne doivent point être écoutés. La maison, étant assurée, se*

trouve en mesure de continuer à tout son person-
nel son traitement habituel jusqu'au jour où l'usine,
qu'ils reconstruisent, sera remise en activité. »

Voilà, mes enfants, une conséquence de l'assurance, à laquelle je vous avoue que je n'avais pas
songé jusque-là, et qui montre combien les effets
en sont plus étendus qu'on ne le suppose tout
d'abord. Voilà aussi une preuve de plus de l'utilité
du capital ; car s'il n'y avait pas dans les caisses des
compagnies d'assurance, ou dans celles des industriels riches, de grosses sommes qui peuvent être
employées à reconstruire les édifices détruits ou
à fournir des moyens d'existence aux ouvriers mis
à pied, ce serait la ruine définitive pour les uns
et la misère pour les autres.

VINGT-HUITIÈME CAUSERIE

L'Assurance (*fin*).

PAUL. — Bon papa, tu n'as pas répondu à la question de Charles. Ces capitaux si utiles avec lesquels les compagnies d'assurance indemnisent les assurés, où les prennent-elles et qui les leur fournit?

LE GRAND-PÈRE. — Dans la poche des assurés, mon ami. Ce sont eux-mêmes, par les versements qu'ils font sous le nom de *primes*, qui fournissent le fonds dans lequel on puise de quoi les indemniser, et en outre les salaires des employés et les traitements des directeurs.

PAUL. — Comment! Une compagnie d'assurance peut se fonder sans capital, ou plus exactement, faire fournir son capital par sa clientèle?

LE GRAND-PÈRE. — Oui, à la rigueur. Et je crois qu'il y en a eu quelques exemples. Ce serait cependant très imprudent; car s'il survenait des sinistres avant qu'il y eût eu un nombre suffisant d'assurés, la compagnie ferait naturellement faillite. Aussi n'est-ce pas de cette façon, ou pas précisément, que les choses se passent. La compagnie émet des actions, c'est-à-dire qu'elle fait souscrire par les personnes qui ont confiance dans sa direction des engagements d'une somme déterminée : mille, deux mille, trois mille francs ou davantage. C'est la garantie de ses opérations ou son *fonds social.* Les actionnaires sont obligés, si cela est nécessaire, de fournir la somme entière pour laquelle ils ont souscrit. Mais il peut arriver que l'on n'ait besoin que d'une partie de cette somme ; que l'on appelle, c'est-à-dire que l'on ne fasse verser qu'un quart ou un tiers du capital souscrit. Je crois même, je le répète, qu'une fois ou deux on n'a rien appelé du tout. Mais si le capital n'avait pas été souscrit, personne n'aurait eu confiance dans la compagnie, et elle n'aurait pas fait d'affaires. C'est un cas dans lequel une promesse tient lieu, en quelque façon, de la réalité.

CHARLES. — Tout cela est bien intéressant et bien curieux. Mais il y a une chose que je ne comprends pas. C'est comment on est arrivé à savoir ce que l'on doit faire payer aux assurés. Dans l'assurance mutuelle, c'est bien simple. Il y a cent mille francs de sinistres et mille associés : chacun paiera cent francs et tout sera dit. Mais dans l'assurance à prime fixe, comment savoir combien il y aura de naufrages, combien d'incendies, combien de morts, et à quel âge ils mourront ? Il faudrait pourtant le savoir pour demander aux assurés une cotisation suffisante et ne pas la demander trop forte.

LE GRAND-PÈRE. — Tes observations sont justes, mon ami. La chose paraît impossible à première vue; elle ne l'est pas en réalité. Et notre Paul, qui est un mathématicien, va t'expliquer comment, grâce à la loi des grands nombres, on y est parvenu. Que ces mots de mathématiques et de grands nombres ne vous effarouchent pas; c'est beaucoup plus simple que cela n'en a l'air.

PAUL. — Très simple même, quoiqu'il faille, pour y arriver, beaucoup de calculs, et des calculs souvent compliqués. Si nous voulions savoir quelles chances a une maison de brûler, un navire de sombrer, ou un homme de mourir, cela nous serait absolument impossible. Mais si nous faisons le relevé de tous les naufrages, de tous les incendies et de toutes les morts, pour mille, dix mille, cent mille ou un million de navires, de maisons et de personnes, et si nous renouvelons ce travail pendant un certain nombre d'années, nous reconnaîtrons bien vite qu'il y a, en moyenne, par mille ou par dix mille, une proportion, plus ou moins variable d'une année à l'autre, mais peu variable pour un espace de dix ou de vingt ans, d'accidents de chaque catégorie. Or, c'est ce qui a été fait dans tous les pays, avec beaucoup de soins, par des calculateurs dont c'est le métier. Ils ont dressé des tables de mortalité, de maladies, d'incendies, de naufrages. De telle sorte que pour chacun de ces genres d'accidents on a pu se dire : « La perte à prévoir est de tant pour cent ou pour mille ; la prime à exiger sera suffisante si elle dépasse assez cette proportion pour fournir aux frais d'administration, aux dividendes à payer aux actionnaires et aux traitements ou bénéfices de la direction. »

LE GRAND-PÈRE. — C'est exactement cela, mon ami. Il y aurait certainement bien des choses à dire encore sur ce sujet. Il y aurait à faire connaître les diverses variétés de contrats d'assurance ; à montrer comment, après avoir assuré leurs clients, les compagnies s'assurent elles-mêmes contre les cas extraordinaires et imprévus, en se garantissant mutuellement les unes les autres ; comment, par exemple, les compagnies françaises sérieuses s'entendent pour s'éclairer et, au besoin, pour s'assister ; comment même les compagnies européennes et les compagnies américaines sont créancières et débitrices les unes des autres ; en sorte que ce n'est plus seulement pour un pays, mais presque pour le monde entier, qu'elles opèrent et qu'elles établissent la statistique des sinistres. Mais tout ceci est beaucoup trop technique. Vous n'y comprendriez pas grand'chose, et je serais moi-même un peu embarrassé pour vous l'expliquer.

Ce qui est essentiel, et ce que je tiens à bien vous faire comprendre, au risque de me répéter, c'est, d'une part, que le hasard lui-même, dont il est impossible de prévoir les caprices, quand il s'agit de cas particuliers, a des lois qu'il est possible de déterminer quand on opère sur un vaste ensemble.

C'est, ensuite, que si nous ne pouvons supprimer les accidents, nous pouvons en atténuer les mauvais effets en les disséminant dans le temps et dans l'espace, et en même temps nous aider à supporter ces conséquences en les partageant. « Supposez, disais-je un jour devant une réunion à laquelle on m'avait prié de faire une leçon sur ce sujet, supposez qu'une tuile vous tombe sur la tête du haut d'un toit. Elle vous tuera ou tout au moins vous endommagera gravement. Que cette tuile, avant de tomber, ait été réduite en poussière, et que cette poussière, en s'éparpillant, vienne à se répandre sur un groupe de vingt-cinq ou trente personnes dont vous faites partie : aucune de ces personnes non plus que vous n'en sera sérieusement atteinte. Un coup de brosse suffira pour qu'il n'y paraisse plus. L'assurance, en divisant le risque, en atténue l'effet. Elle transforme un accident qui aurait été fatal à quelqu'un en une poussière d'accidents, qui ne sont plus, pour le grand nombre des associés, que des misères relativement sans conséquence. »

Et voilà comment, au nom de l'intérêt, comme au nom de la bienveillance, il faut toujours en revenir à la jolie morale de la fable de Florian, *l'Aveugle et le Paralytique* :

...... Aidons-nous mutuellement.
La charge des malheurs en sera plus légère.

VINGT-NEUVIÈME CAUSERIE

L'Alcoolisme et les fausses Dépenses.

Le grand-père. — Qu'est-ce qui vous est arrivé, mes chers petits ? Vous avez l'air tout bouleversés.

Mathilde. — Oh ! C'est qu'il y a de quoi, bon papa. Nous venons de voir un méchant homme qui poursuivait sa pauvre femme en lui donnant des coups. Il disait qu'il voulait la tuer, et si on ne l'en avait pas empêché, je crois vraiment qu'il l'aurait tuée.

Le grand-père. — Il était ivre probablement, et ne savait plus ce qu'il faisait.

Marine. — Oui, et c'est parce qu'elle ne voulait pas lui donner d'argent pour retourner au cabaret qu'il l'assommait ainsi.

Le grand-père. — Vous voyez, mes enfants, quel vilain défaut c'est que l'ivrognerie. Quand on a trop bu, on ne sait plus ce que l'on fait. On dépense pour se faire du mal l'argent dont on aurait besoin pour soi ou pour les siens, et le lendemain on est bien honteux de sa sottise ; mais il est trop tard. L'argent perdu ne se retrouve jamais; c'est comme le temps. Un des hommes qui ont fait le plus pour l'éducation du peuple américain, Horace Mann, faisait insérer un jour parmi les annonces de son journal : « Il a été perdu deux heures en or, enrichies chacune de 6o minutes en diamant. On n'offre pas de récompense : ces choses-là ne se retrouvent jamais. » Puis l'habitude de la boisson altère la santé, éteint l'intelligence, amène des tremblements dans les mains qui rendent incapable de bien travailler et, par suite, condamnent à la misère. Enfin, il y a des hommes que le vin ou les mauvaises liqueurs qu'ils absorbent rendent furieux et qui alors, sans en avoir conscience, commettent des crimes, se jettent sur leurs enfants, sur des inconnus parfois, ou mettent le feu aux maisons ou aux meules et détruisent en un instant la nourriture de beaucoup de leurs semblables. Aussi l'ivrognerie, comme tous les défauts du reste, ne nuit pas seulement à celui qui s'y abandonne; elle est un malheur et un danger public, et tout le monde est intéressé à la combattre. Il s'est fondé pour cela beaucoup de sociétés dites de tempérance. Il y en a dans tous les pays, surtout en Amérique, en Angleterre, en Suisse et en Suède. Les plus sévères défendent absolument l'usage de toute boisson fermentée:

vin, cidre, bière, de même que d'autres condamnent l'usage de la viande et recommandent de se nourrir exclusivement de végétaux. Il y en a même qui n'admettent ni le lait ni les œufs, parce qu'ils sont produits par les animaux.

Les enfants. — Oh ! bon papa, c'est tomber d'un excès dans un autre. Quel mal cela peut-il faire à la vache ou à la poule que nous buvions son lait ou que nous mangions son œuf ? Il nous semble, au contraire, que nous aurons plus soin d'elles si nous profitons de ce qu'elles nous fournissent.

Le grand-père. — Je suis de votre avis, mes enfants ; et cela prouve qu'il faut se défier de l'exagération. Rappelez-vous le mot de saint Paul : Il faut de la modération en tout, même dans la sagesse. Il faut surtout de l'indulgence et de la tolérance, et ne pas se laisser aller à condamner légèrement les gens qui agissent ou pensent autrement que nous. On peut être également honnête et raisonnable en buvant du vin modérément et en mangeant de la viande ou en s'en abstenant. Il peut même y avoir, parmi les gens qui succombent parfois aux entraînements du cabaret, des gens aussi estimables que certains pharisiens d'abstinence qui les méprisent en se permettant d'autre défauts. Il n'en est pas moins vrai que l'intempérance est un vice qui a pris dans nos sociétés un développement considérable et dont les conséquences sont effrayantes. Dans une ville industrielle du Nord de la France, il y a une cinquante d'années, on consommait tous les matins, avant d'aller à l'ouvrage, quarante mille petits verres de mauvaise eau-de-vie.

MARTHE. — Il aurait mieux valu manger du pain ou de la viande.

LE GRAND-PÈRE. — Certes, il y aurait eu de quoi en donner un peu plus aux enfants. Mais l'homme qui boit ne songe pas à cela. Il ne réfléchit pas ; il se dit qu'un petit verre cela ne compte pas.

PAUL. — Cela compte très bien, comme les gouttes d'eau qui font les ruisseaux et les rivières. Quarante mille petits verres à un sou, cela fait deux mille francs ; et si cela se répète tous les jours, ou seulement trois cent fois dans l'année, c'est plus de sept cent mille francs employés à se faire du mal au lieu de se faire du bien.

LE GRAND-PÈRE. — En Angleterre, il y a une quarantaine d'années, le gouvernement, en faisant l'exposé de la situation financière, se plaignait de l'augmentation des recettes provenant des droits sur les boissons.

ADRIEN. — Un gouvernement qui se plaint de recevoir trop d'argent, c'est rare.

LE GRAND-PÈRE — Cela ne devrait pas l'être, quand cet argent provient de mauvaises sources, comme le tabac, l'alcool, les jeux, les courses et autres vilaines excitations à la dépense ou à l'imprévoyance, comme les loteries. Ce sont, en effet, des ressources qui coûtent plus qu'elles ne donnent, en affaiblissant et en démoralisant les hommes, en les détournant du travail, de l'économie et de la bonne conduite, en mettant le trouble dans les familles et en altérant l'intelligence et la santé des adultes et même des enfants. Et c'est pour cela que les ministres anglais, en hommes qui savaient calculer, déploraient l'augmentation de leurs recettes maudites.

SIMONE. — Bon papa, tu dis que cela altère la santé des hommes et des enfants. Est-ce que les enfants s'alcoolisent comme les parents?

LE GRAND-PÈRE. — Hélas ! oui. Et c'est pour cela qu'il y a tant de jeunes gens, tant d'enfants même qui commettent des crimes. Comment veux-tu qu'ils n'imitent pas ce qu'ils voient faire? Et puis il y a la bêtise qui fait croire que l'eau-de-vie donne de la force, tandis qu'elle ne fait que donner une excitation passagère et affaiblissante. Et il y a des femmes qui en donnent à leurs enfants, à leurs nourrissons. Ce n'est pas tout. Les enfants alcooliques sont souvent mal constitués, disposés à toutes sortes de misères, parfois même alcooliques en naissant.

YVETTE. — Oh ! est-ce que c'est possible?

LE GRAND-PÈRE. — Les médecins l'affirment, et j'en ai vu un exemple. A Oullins, dans la propriété de mon vieil ami Arlès Dufour, où sa fille avait installé un asile pour de pauvres petits enfants, il y en avait un, déjà âgé de quatre ou cinq ans, qui depuis sa naissance était dans une sorte d'ivresse. Cela avait un peu diminué, grâce à un régime spécial ; mais on n'était pas sûr de le guérir, et il a dû rester toujours peu valide.

LES ENFANTS. — Mais c'est horrible !

LE GRAND-PÈRE. — Et ce qu'il y a de pis, c'est que ce ne sont pas seulement les gens qui vont se saoûler grossièrement dans les cabarets ; ce sont tous ceux qui, en dépassant ce que comporte l'entretien de leurs forces selon leurs travaux, introduisent dans leur organisme plus d'alcool qu'ils n'en éliminent. Il y a des gens qui n'ont jamais été ivres, qui méprisent un ouvrier qui s'est mis une fois en ribote, et qui sont alcoolisés sans le savoir au point de ne pouvoir supporter sans danger la moindre opération.

YVETTE. — Bon papa, est-ce que l'on ne fait rien pour combattre ces vilaines habitudes ?

LE GRAND-PÈRE. — Si vraiment. Il y a, je vous l'ai dit, beaucoup de braves gens qui fondent des sociétés de tempérance. On fait des leçons dans les écoles et dans les régiments ; on publie des brochures et des images qui représentent les organes attaqués par les maladies qu'engendre l'abus des boissons alcooliques. Mais tout cela est bien insuffisant.

MATHILDE. — Il faut mettre les ivrognes en prison.

LE GRAND-PÈRE. — On l'a essayé. Il y a des lois qui punissent l'ivresse manifeste et les cabaretiers qui ont donné à boire à des gens déjà excités. Cela n'a pas produit grand'chose.

MARTHE. — Que faire alors, et quel remède y aurait-il ?

LE GRAND-PÈRE. — D'abord, je le répète, une meilleure éducation, un sentiment plus général et mieux compris de la dignité humaine, de meilleurs logements donnant le goût de rester chez soi au lieu d'aller au cabaret ; enfin la diminution des droits qui enchérissent le vin et portent à le falsifier pour pouvoir le vendre à des prix abordables.

YVETTE. — Comment ! bon papa, faciliter la consommation du vin, pour diminuer l'ivrognerie ?

LE GRAND-PÈRE. — Peut-être bien. Et c'est ce que j'indiquais, en 1878, comme président de la Société française de tempérance. Mettre les hommes à même de boire du vin naturel, en famille, au lieu d'aller absorber des petits verres sur le comptoir avec les camarades, ce serait très certainement un grand progrès. On a commencé à le comprendre et le Parlement a voté, il y a quelques années, des lois pour dégrever, c'est-à-dire pour débarrasser en grande partie des anciens impôts le vin, le cidre, la bière et les autres boissons alimentaires, en chargeant, au contraire, l'alcool et ses dérivés. Et il semble que le résultat en ait déjà été satisfaisant. Mais en voilà bien long à propos de cet homme qui battait sa femme. Restons-en là, mes enfants, en condamnant tous les excès.

TRENTIÈME CAUSERIE

Les Contributions.

LE GRAND-PÈRE. — Qu'est-ce que tous ces papiers que tu m'apportes là, Marthe ?

MARTHE. — Bon papa, c'est François qui vient de me les remettre pour toi. Il a dit que cela ne te ferait pas plaisir. Ce sont les *avertissements* pour les *contributions*.

LE GRAND-PÈRE. — En effet, cela n'a rien d'agréable : *contribution foncière, contribution des portes et fenêtres, contribution personnelle et mobilière, taxe de balayage*, etc... Il y en a pour une jolie somme. Et c'est la même chose partout : à Neuilly, où nous habitons, au Désert, où vous allez passer une partie de l'été, à Paris, où nous avons une maison dont les loyers permettent bien juste de vous donner à manger, etc. Et l'on prend aussi 3 ou 4 p. 100 sur le produit des quelques valeurs, obligations de chemins de fer ou actions de so-

ciétés industrielles que je possède. Sans compter
les droits de douane et les droits d'octroi à la frontière et aux portes des villes, qui pèsent sur
presque toutes les marchandises ; et les droits dits
d'enregistrement qu'il faut acquitter quand on
passe un acte ; et le papier timbré dont on est
obligé de se servir, et que l'on a bien de la peine à
trouver quand on en a besoin ; et les allumettes chimiques dont l'État s'est réservé le monopole ; et le
tabac qu'il fabrique et sur lequel il gagne trois à
quatre cents millions par an ; et une multitude d'autres charges dont on ne se rend pas compte, mais
qu'on n'en supporte pas moins. Le tout, si nous sa-
vions en faire le relevé exact, serait un gros prélèvement sur nos ressources, sur les petites comme sur
les grosses, sur les petites surtout, et nous nous
apercevrions que nous travaillons aussi souvent
pour l'État, pour le département ou pour la commune que pour nous.

MARTHE. — Alors, bon papa, l'État ou l'administration nous pille et nous ruine ; et il avait raison
ce monsieur qui disait l'autre jour qu'il fallait lui
rendre la pareille en fraudant toutes les fois qu'on
le peut ?

LE GRAND-PÈRE. — Non, mes enfants, il ne faut
jamais tromper personne ; pas plus l'État ou la
commune que son voisin, d'abord parce qu'on ne
doit jamais tromper, même pour se défendre, et
ensuite parce que, quand on se refuse à supporter

sa part des charges communes, c'est sur ses voisins qu'on en fait retomber le poids. Franklin, dans un de ses charmants essais de morale et d'économie politique, a très bien expliqué cela. Il a montré que ceux qui ne paient pas leur part des dépenses communes ne font que la prendre dans la poche des autres, et sont de malhonnêtes gens. Ils croient ne voler que l'État; ils volent leurs concitoyens.

CHARLES. — Mais, cependant, bon-papa, c'est bien dur d'être forcé de donner ainsi son argent, sans savoir pourquoi, ou pour des choses dont on ne voudrait pas. Ainsi, moi, qu'est-ce que cela me fait qu'on donne des prix de cent mille francs avec mon argent à des messieurs qui font courir des chevaux et casser le cou à des jockeys, et que du même coup on entretienne dans la fainéantise des milliers de gens qui passent bêtement leur temps à parier et à s'escroquer mutuellement ?

LE GRAND-PÈRE. — Tu n'as peut-être pas tort dans tes critiques, mon ami, et c'est un vilain spectacle que celui de ces grandes voitures qui mènent journellement aux courses des milliers d'imbéciles et de filous. Mais ce n'est pas une raison pour condamner en bloc tout le régime financier de notre société et pour te croire le droit de te faire juge de ce que tu dois ou ne dois pas payer. Il peut y avoir des abus (je crois qu'il y en a, et de graves); mais il ne serait pas possible de vivre en société sans un certain nombre de services publics et, par conséquent, de recettes publiques ou *contributions*.

MARTHE. — C'est ce que l'on appelle des *impôts*, n'est-ce pas ?

LE GRAND-PÈRE. — Oui; mais c'est à dessein que je n'ai pas employé ce mot-là, et que j'en préfère un autre. Quel est celui de vous qui me dira pourquoi et quelle est la différence entre les deux expressions ?

ADRIEN. — Cela n'est pas difficile à apercevoir. Un impôt, c'est une charge qui vous est imposée sans votre consentement ou votre avis. Une contribution, ou une cotisation, c'est une quote-part que l'on paie pour une dépense commune et dont on est supposé profiter proportionnellement. Quand on fait un « pique-nique », par exemple, chacun apporte ou paie son écot.

LE GRAND-PÈRE. — C'est cela même; et c'est ce qui distingue le régime financier des pays libres de celui des pays despotiques. Les Romains, maîtres du monde, frappaient de réquisitions les peuples asservis; ils leur imposaient des *tributs*, dont le plus clair entretenait le luxe des Lucullus ou la mendicité de la plèbe de la grande ville. Les anciens rois de France, souverains par la grâce de Dieu, fixaient comme il leur convenait, sans règle et sans mesure, les sommes à exiger de leurs sujets, aussi bien que l'emploi à en faire; « *car tel est,*

disaient-ils, *notre bon plaisir* ». Et dans cette répartition arbitraire des charges et des avantages,
aucune loi d'égalité ou d'équité n'était respectée.
Les dépenses du roi étaient sans contrôle; la no-
blesse et le clergé, qui le servaient, comme disait l'avocat général Séguier, de leur sang ou
de leurs prières, ne payaient guère, et le tiers
état, travaillant pour nourrir le souverain et les
deux autres ordres, payait tout ou à peu près et
était « taillable à mercy et miséricorde ». Vauban, Boisguillebert, Turgot et quelques autres se
sont noblement élevés contre cette injustice.
« Qu'est-ce donc que l'impôt? » disait Turgot, dans
un mémoire au roi, en réponse aux défenseurs
des privilèges. « Est-ce une charge imposée par la
force à la faiblesse? Alors le Prince serait
l'ennemi commun de la société; les plus forts se
défendraient comme ils le pourraient, et les plus
faibles seraient écrasés. Les dépenses du gouvernement ayant pour objet l'intérêt de tous, tous
doivent y contribuer; et plus on jouit des avantages de la société, plus on doit se tenir honoré
d'en partager les charges. » Il ajoutait : « Du côté
de l'humanité, il est bien difficile de s'applaudir d'être
exempt d'impositions, comme gentilhomme, quand
on voit exécuter la marmite du paysan. »

CHARLES. — Qu'est-ce que cela veut dire : exécuter la marmite du paysan?

ADRIEN. — Cela veut dire que pour faire rentrer

les impôts, qui étaient trop souvent arbitraires, on avait recours aux mesures les plus violentes. On envoyait chez le paysan qui ne payait pas des soldats qu'on appelait des *garnisaires*, qui étaient chargés de le forcer à payer, et qui, en attendant, vivaient à ses dépens, buvaient son vin, s'il en avait, et se chauffaient avec les chevrons de son toit. C'était un joli régime !

LE GRAND-PÈRE. — Oui, c'est ainsi que les choses se passaient. Et Jean-Jacques Rousseau nous a conté une histoire qui montre bien quelle était alors la triste condition des paysans.

Un jour, voyageant à pied, dans sa jeunesse, il entre dans une chaumière où il demande s'il peut avoir, en payant, de quoi manger. L'homme se récrie disant qu'il a tout au plus un reste de pain noir, bien dur, et qu'il le garde pour lui-même. Cependant, le jeune homme lui inspirant confiance, il se décide à balayer la cendre de l'âtre, soulève une trappe, et de cette cachette tire du pain moins misérable, une tranche de jambon et de la boisson. Bref, Jean-Jacques Rousseau fait un excellent repas, qu'il paie avec beaucoup de remerciements et avant de s'en aller : « Pourquoi, dit-il à son hôte, vous faisiez-vous tout à l'heure si pauvre ? — C'est que, répond l'homme, si l'on pouvait supposer que je ne meurs pas littéralement de faim, les gens du roi m'auraient bientôt pris le peu que j'ai et réclamé ce que je n'ai pas. »

Voilà, mes chers enfants, ce qui arrive quand on est exposé aux vexations arbitraires et hors d'état de compter sur la sécurité du lendemain. Le résultat n'est pas seulement de rendre les hommes malheureux; il est aussi de les décourager et de leur enlever l'envie de travailler. C'est ce qui a fait dire au célèbre Montesquieu que les pays ne sont pas cultivés en raison de leur fertilité, mais en raison de la liberté dont on y jouit. Mauvais calcul, comme le remarquait Quesnay, quand il écrivait, sous les yeux de Louis XV : « Pauvres paysans, pauvre royaume, pauvre roi ! »

CHARLES. — C'est la Révolution française, n'est-ce pas, bon-papa, qui a réformé tous ces abus?

LE GRAND-PÈRE. — Oui, mon ami, c'est elle, c'est-à-dire la grande Assemblée constituante, qui a proclamé des principes plus justes et substitué à l'inégalité l'idée de l'égalité devant les charges publiques, et à ce vieux terme d'*impôt* le mot de *contribution*. Cela ne veut pas dire que tout soit parfait dans ce qu'elle a édicté, ni surtout dans ce qu'elle a fait ensuite. Mais nous reprendrons cela demain.

TRENTE ET UNIÈME CAUSERIE

Les Contributions (*suite*).

Le grand-père. — Il y avait, mes chers enfants, comme je vous l'ai dit, beaucoup d'abus de toutes sortes, avant la Révolution française, sous le régime que l'on appelle communément l'*ancien régime*; et que quelques-uns, par opposition, appellent « le bon vieux temps ». Ce bon vieux temps-là n'était guère bon, surtout pour les petites gens. Et un homme qui n'était pas du tout un révolutionnaire, le comte Agénor de Gasparin, a dit en parlant de ces admirateurs des jours passés, toujours prêts à médire du présent : « Pour tout châtiment, je leur souhaiterais (le souhait est méchant) d'être condamnés à y vivre seulement vingt-quatre heures. » Mon ami, M. Levasseur, qui est un des maîtres de notre histoire nationale, a dit avec son autorité habituelle : « Mettre tout le bien d'un côté et tout le mal de l'autre, c'est faire preuve de peu de jugement et d'une connaissance bien imparfaite des faits. » Il y a eu du bien dans le passé, et il y a du mal dans le présent. Et nous sommes bien peu en état d'en apprécier la valeur relative parce que, comme l'a dit un autre grand savant, M. Rossi, dans des paroles que je vous ai citées, nous sentons nous-mêmes les piqûres qui nous blessent aujourd'hui, et nous ne sentons pas les plaies qui ont torturé nos pères.

Quoi qu'il en soit, il y avait de très gros abus dans l'assiette et la perception des impôts, pour ne parler que de cela, sous nos anciens rois. Les principaux étaient l'inégalité et l'arbitraire. En vertu de l'inégalité, les Français n'étaient pas taxés en raison de leurs ressources, mais en raison de leur condition ; et mille distinctions de tous genres devenaient des causes de modération ou d'aggravation des charges. En vertu de l'arbitraire, on n'était jamais certain d'en être quitte avec le fisc, et l'on était trop souvent réduit à répéter tout bas ce que le bonhomme La Fontaine a eu le courage de dire tout haut :

Notre ennemi c'est notre maître.

Marie. — Et aujourd'hui, bon papa ?

Le grand-père. — Aujourd'hui, mes enfants, le contribuable, qui est tout le monde, n'a pas toujours précisément à se louer du Parlement qui vote les contributions et des administrations qui les perçoivent. Mais s'il y a encore des inégalités, elles ne sont pas intentionnelles ; et si nous pouvons parfois nous trouver trop chargés, nous ne pouvons guère, si ce n'est en ce qui concerne les droits de douane dits protecteurs, dont je vous ai dénoncé le vice, nous plaindre d'être surchargés au profit d'autres contribuables. L'Assemblée constituante, tout au moins, avait voulu sincèrement faire supporter à chacun la part qui lui revenait en raison des services que lui rendait l'État dans les dépenses publiques. Deux idées, exposées par elle dans un document célèbre : *l'Avis au Peuple français*, ont dominé son œuvre. L'une, c'est que ce n'est pas la personne, mais la chose qui paie ; que la contribution, en d'autres termes, n'est plus personnelle comme sous l'ancien régime, mais réelle. Ce n'est plus Pierre ou Paul, Jacques ou Jean que doit connaître le fisc ; c'est la terre, la maison, l'industrie, les ressources, en un mot, de Pierre, Paul, Jacques ou Jean. L'autre idée, c'est que la contribution doit être proportionnelle, c'est-à-dire en raison de l'étendue des services que la fortune taxée reçoit de l'État, chargé d'assurer aux intérêts des citoyens la sécurité à laquelle ils ont droit.

ADRIEN. — C'est comme dans une société par actions alors, bon papa, où chacun contribue aux frais généraux en raison du nombre d'actions qu'il possède, et de ce qu'il reçoit comme dividende en cas de bénéfice ?

LE GRAND-PÈRE. — Justement. Et c'est une comparaison dont s'est servi l'homme que l'on appelle avec quelque exagération « le père de l'économie politique », l'Écossais Adam Smith. La société, dit-il, l'État, le comté, le département ou la commune est comme un grand domaine dont chacun des membres est copropriétaire pour une partie plus ou moins importante, et à l'entretien duquel chacun doit contribuer à proportion de l'intérêt qu'il a à sa prospérité.

ADRIEN. — Alors, bon papa, l'Assemblée constituante n'admettait pas l'impôt progressif?

LE GRAND-PÈRE. — Tu as entendu parler de cela, mon ami ?

ADRIEN. — Oui, on nous en a parlé à l'École de droit.

LE GRAND-PÈRE. — Et que vous en a-t-on dit ?

ADRIEN. — Qu'un petit fardeau est bien plus lourd pour un homme faible qu'un gros pour un homme fort. Que M. de Rothschild, par exemple, serait encore bien assez riche si l'État lui prenait tous les ans la moitié ou les deux tiers de son revenu, tandis que, pour un père de famille qui n'a que ses bras ou une petite place, un prélèvement d'un, deux ou trois pour cent constitue une diminution de bien-être très sensible.

LE GRAND-PÈRE. — Et qu'est-ce que tu en penses ?

ADRIEN. — Je ne sais pas trop, en vérité. Cela paraît bien vrai, au premier abord. Mais, d'un autre côté, si, à mesure que les gens réussissent dans leurs affaires, on leur enlève la jouissance du fruit de leur travail, ils seront bien découragés, et il semble que ce ne soit pas juste ni avantageux.

LE GRAND-PÈRE. — Je ne veux pas discuter à fond cette question avec vous, mes enfants. Cela me mènerait bien loin et demanderait des développements bien sérieux. Je ne vous fais pas un cours de finances ni de science économique ; je cherche seulement à vous habituer à réfléchir sur des sujets qui nous intéressent tous, et à vous préserver de la séduction des grands mots et des systèmes. Je me bornerai donc à vous dire que je crois, en effet, comme l'Assemblée constituante, que l'État, dans la perception des contributions, ne doit pas faire acception de personnes ; ce qu'il ferait nécessairement s'il prétendait frapper les uns plus que les autres, à raison de leur fortune vraie ou supposée. J'ajoute que, pour établir, peut-être très inexactement, le revenu total de chaque contribuable, on serait obligé de se livrer à des enquêtes bien délicates et parfois blessantes ; et qu'il ne serait pas sans danger de mettre à la disposition du gouvernement central ou des administrations départementales ou municipales le relevé de la fortune des uns et des autres. Ce pourrait être, dans certains cas ou dans certains temps, des listes de proscription ou de spoliation toutes préparées ;

et ce ne serait pas la première fois. Un historien italien, Guichardin, a dit que l'impôt sur le revenu était le bâton avec lequel les Médicis brisaient la tête de leurs adversaires.

PAUL. — Pourtant, bon papa, l'impôt sur le revenu existe dans plusieurs pays, notamment en Angleterre, où, sous le nom d'*income-tax*, il a rendu de grands services et a permis à Robert. Peel de réaliser la grande réforme réclamée par Cobden.

LE GRAND-PÈRE. — Oui. Mais si je vous disais à quelles vexations et à quelles faveurs la perception de l'impôt sur le revenu a donné lieu et donne lieu tous les jours, dans certains pays : en Prusse, en Italie, en Autriche, ou dans le canton de Vaud, vous seriez bien étonnés. Et quant à l'*income-tax* ce n'est pas du tout ce qu'on entend par l'impôt sur le revenu et par l'impôt progressif. L'*income-tax* se compose de cinq sortes d'impôts frappant cinq sortes de revenus différents, mais ne faisant pas de ces cinq revenus une masse à la discrétion du fisc.

En réalité, on ne peut puiser d'eau qu'à la source ou à la rivière. On ne peut demander aux gens, quels qu'ils soient, que des prélèvements sur leurs revenus. Toute la question est de savoir s'il vaut mieux opérer des prélèvements sur les ressources des gens à raison de ces ressources, ou frapper les gens eux-mêmes. Je suis du premier avis. Et

je redoute surtout de voir faire à dessein la guerre
à la fortune. Sous prétexte d'égalité, on voudrait
ramener les fortunes vers un niveau moyen. C'est
de l'inégalité en sens inverse. Il n'est pas bien sûr
que cela soit avantageux ; et il est certain que cela
ne serait pas juste. On considère, ainsi que je
vous l'ai dit en vous en parlant, le capital comme
un ennemi. Il est, au contraire, l'agent nécessaire
du progrès et l'agent de l'émancipation. Ce qu'il
faut demander à la loi, c'est d'assurer également
à tous la liberté dans le travail, et de faire respecter par tous et pour tous la jouissance du fruit
du travail.

TRENTE-DEUXIÈME CAUSERIE

Services publics. — Services privés.

Paul. — Les contributions ont beaucoup augmenté, n'est-ce pas, bon papa ?

Le grand-père. — Beaucoup, en effet. Elles étaient d'environ cinq cent millions, il y a un siècle, sous l'empire de Napoléon ; elles sont, aujourd'hui, de plus de trois milliards et demi, pour l'État, sans compter beaucoup de dépenses départementales et municipales. C'est bien au moins cinq milliards qui sont pris tous les ans, dans la poche des particuliers, pour des services publics, soit à peu près un cinquième du revenu national.

Charles. — C'est énorme ! Et j'en reviens à ce que je disais l'autre jour : il y a beaucoup de dépenses dont les particuliers se passeraient bien. Ils aimeraient mieux garder leur argent pour payer les services dont ils auraient besoin que de le donner à l'État ou à la commune pour leur rendre des services qui ne leur conviennent pas.

Le grand-père. — Sans doute. Et tu touches là une question bien grave : la question des droits et des devoirs de l'État. Nous allons en dire un mot. Mais d'abord, et tout en réservant notre opinion, ne nous pressons pas trop de nous récrier en voyant la différence des anciens budgets et du budget actuel. La fortune publique, c'est-à-dire l'ensemble des fortunes individuelles, a augmenté. La France est plus riche qu'elle ne l'était, il y a cent ans. Il est naturel qu'on demande davantage à qui peut donner davantage. J'ajoute : il est inévitable que l'on prenne davantage à qui exige qu'on lui demande davantage.

Charles. — Comment, bon papa ? Mais je ne demande pas du tout à payer de plus gros impôts ; et je suppose que tout le monde est comme moi.

Le grand-père. — Tu crois cela, mon ami ? Tu te trompes. Toi, je veux dire la majorité des Français, tous les jours, vous réclamez de l'État, des départements et des villes de nouveaux services. On veut des lycées, des facultés, des écoles, des laboratoires munis de tous les perfectionnements de la science moderne. A-t-on tort ? A-t-on raison ? Je ne l'examine pas en ce moment. Mais pour faire un civet, comme dit *la Cuisinière bourgeoise*, il faut un lièvre ; et demander au gouvernement ou aux administrations de nous faire des cadeaux, c'est les inviter à nous prendre les ressources nécessaires pour les payer. Or (je ne vous en ferai pas l'énumération) non seulement, avec les besoins indiscutables d'une société qui se développe tous les jours, avec sa population croissante et les progrès de son industrie, il faut plus de routes et de chemins, et mieux entretenus, plus de canaux, plus de police, etc. ; mais, comme je viens de l'indiquer par un exemple, on charge ce gouvernement et cette administration de besognes de plus en plus compliquées. On veut des pensions pour les fonctionnaires, des retraites pour tout le monde, des secours médicaux dans les hôpitaux et à domicile; on demande à l'État d'entretenir des théâtres, des écoles de déclamation et de musique, des musées, des monuments historiques et le reste'; on veut même qu'il devienne l'assureur universel contre la mort, contre les accidents, contre le chômage, etc. Que telles ou telles de ces demandes soient raisonnables ou insensées, encore une fois, je ne puis pas le discuter ici en détail ; mais je constate que chacune d'elles est un appel à de nouvelles taxes.

Charles. — Alors il n'y a pas moyen de réduire nos charges ou même de les empêcher d'augmenter ?

Le grand-père. — Je n'en vois qu'un, mon ami, ou plutôt deux. Mais ils ne sont pas faciles à employer ; car il faudrait pour cela changer singulièrement nos habitudes et nos tendances. Le premier, ce serait de nous faire une idée différente et, à mon avis, plus exacte, des véritables devoirs de l'État, et d'exiger moins de lui ; ce qui lui permettrait d'exiger moins de nous. Le second, qui, malheureusement, ne dépend pas de nous seul, ce serait de rendre moins incertaine la sécurité nationale et la conservation de la paix ; ce qui permettrait de réduire le budget de la guerre ou, comme on devrait l'appeler, de la défense nationale, et de rendre aux familles une partie des millions qu'on leur prend pour faire vivre ou mourir loin d'elle les enfants qu'on leur enlève.

Paul. — Et en même temps on rendrait des hommes aux champs et aux ateliers ; et ils produiraient au lieu de consommer improductivement.

Le grand-père. — Parfaitement. Mais prends garde, toi, comme Charles, avec ton raisonnement, qui est juste, d'aller trop loin ou trop vite. Si l'armée, a dit Bastiat, qui était aussi ennemi de la guerre que moi, est nécessaire au maintien de l'indépendance du pays, on ne peut pas dire que la dépense qu'elle exige soit improductive. Elle permet au reste de la nation de travailler et de produire. On ne peut que regretter qu'elle soit encore nécessaire, et chercher à faire prévaloir des idées plus justes sur les relations réciproques des peuples.

Paul. — Sans doute. Mais, en attendant, cette sécurité encore si imparfaite coûte bien cher.

Le grand-père. — Plus cher que vous ne le

croyez, mes chers enfants. Sur cet énorme budget de trois à quatre milliards, qui est celui de la France, un tiers ou à peu près, auquel il faut ajouter ce que produirait le travail des hommes enlevés à leurs occupations, est employé pour les armements de terre et de mer; un autre tiers est nécessaire pour payer les intérêts des dettes qui ont été en majeure partie contractées pour les guerres passées. C'est le résidu de la fumée des coups de fusils et des coups de canon tirés par nos prédécesseurs.

PAUL. — En sorte qu'il n'y a qu'un tiers de ce que les Français paient au percepteur qui soit employé d'une façon utile?

LE GRAND-PÈRE. — Tu exagères, encore une fois. Mais tout au moins peut-on dire, comme je l'ai fait souvent, que par notre faute (corrigeons-nous au lieu de nous plaindre) la majeure partie de nos dépenses est absorbée par des œuvres de mort ou des œuvres mortes, et la moindre par les œuvres de vie. Tous les peuples, du reste, sont logés à la même enseigne.

ERNEST. — Une vilaine enseigne!

LE GRAND-PÈRE. — Ce n'est pas à moi à dire le contraire, puisque je passe mon temps à les supplier d'en changer.

ERNEST. — Mais tu avais parlé d'un autre moyen de réduire les dépenses publiques.

LE GRAND-PÈRE. — Oh! celui-là, il est excellent; mais il est peut-être encore plus difficile à appliquer; car il supposerait la simplification de l'administration et, par conséquent, la suppression de beaucoup d'emplois qui paraissent indispensables à ceux qui les occupent. Ce n'est rien moins que la grosse question des attributions de l'État, la distinction entre les services publics et les services privés.

CHARLES. — Explique-nous cela, bon papa. Je crois que je ne comprends pas très bien.

LE GRAND-PÈRE. — Les services privés, ce sont ceux que nous nous rendons à nous-mêmes ou que nous obtenons des autres hommes en retour de ceux que nous leur rendons. Les services publics, ce sont ceux qui nous sont rendus par une administration, en vertu de lois ou de règlements. Les premiers sont volontaires, puisque c'est nous qui les réclamons et qui en débattons le prix. Les seconds sont forcés, puisque c'est un pouvoir public, auquel nous ne pouvons refuser notre obéissance, qui les ordonne et qui nous présente, sous forme de contributions, la note à payer.

CHARLES. — Alors, bon papa, on est à la discrétion de l'administration? Tu vois bien que j'avais raison de n'en pas tant vouloir, de ces services publics.

LE GRAND-PÈRE. — Tu vas toujours trop vite et trop loin, mon Charles. Évidemment, c'est à nous, à chacun de nous, qu'il appartient d'abord de déterminer ce que nous désirons et d'apprécier si nous voulons en payer la dépense. Mais il y a bien des choses que nous ne pourrions pas nous procurer ainsi à des conditions abordables. S'il fallait, pour n'être pas assassiné, volé ou incendié, monter la garde toutes les nuits autour de sa maison ou de son champ, on ne serait guère en état de travailler le jour. Si chacun, pour sortir de chez lui sans se perdre dans des fondrières, était réduit à arranger lui-même un bout de chemin devant sa porte, on aurait de tristes moyens de communication, et les transports ne seraient pas faciles. A plus forte raison pour les grands travaux comme le creusement des canaux et des ports, les digues contre les inondations, le pavage ou l'éclairage des rues. On a commencé par s'entendre pour veiller à tour de rôle les uns pour les autres ; puis on s'est cotisé pour payer des veilleurs communs, des archers, des gardes champêtres ; des agents de police, pour les villes, et des gendarmes ou des soldats pour la sécurité générale. C'est une des formes de l'association ; et rien n'est plus naturel et plus raisonnable. On a eu de même des ingénieurs pour les routes et les autres grands travaux ; de même encore des magistrats pour l'administration de la justice.

Dans ces limites, il semble difficile de contester l'utilité de l'intervention des pouvoirs publics. Mais il y a beaucoup d'autres choses dont l'État ou les administrations locales se chargent, à nos frais naturellement, et dont nous pourrions nous charger nous-mêmes. En Angleterre, beaucoup d'hôpitaux et d'universités sont fondés et entretenus par des associations libres : *supported by voluntary subscriptions*. Des bibliothèques, des musées, des abattoirs, des marchés, des bains ou des lavoirs publics, et à bas prix, des parcs et des jardins peuvent être, et sont, dans certains cas, fondés et entretenus soit par des entrepreneurs, soit par des sociétés philanthropiques ou par de généreux bienfaiteurs, ainsi que cela a lieu si souvent aux États-Unis. C'est autant d'enlevé à l'intervention de la force publique et de réservé à l'initiative privée. Autant aussi à demander en moins au budget, c'est-à-dire à nos bourses.

ADRIEN. — A nos bourses ? Non, bon papa; car tout cela ne se ferait pas pour rien, il faudrait toujours le payer.

LE GRAND-PÈRE. — Pour rien, non. Mais si c'est sous la forme d'entreprise, par le système actionnaire, comme on l'a dit quelquefois, la dépense sera rémunératrice, et en tout cas elle aura été volontaire. Si c'est, dans des vues plus élevées, par amour désintéressé du bien public, on sera, comme je vous l'ai fait observer en vous parlant du salaire, payé par la satisfaction d'avoir fait une œuvre utile; et le contribuable, en tant que tel, sera déchargé d'autant.

Mais je n'ai pas la prétention, je le répète, de déterminer ici la limite précise qui sépare le domaine de l'activité publique de celui de l'activité privée. Elle varie, évidemment, selon les temps et le caractère des peuples. Et les hommes les plus sérieux sont loin d'être d'accord à ce sujet. Je vous dirai seulement quels sont les points sur lesquels il n'y a guère de discussion. Ils ont été énoncés, il y a cent trente ans, par Adam Smith, dont je vous ai parlé une fois en passant:

« Le premier devoir du souverain, dit-il, est de
« protéger la société contre toute violence prove-
« nant d'autres sociétés indépendantes, autrement
« dit d'assurer la sécurité et l'indépendance natio-
« nale; le second, de procurer aux membres de la
« société, dans leurs rapports les uns avec les
« autres, le respect de leurs droits ou de leurs
« intérêts; le troisième, enfin, d'ériger ou d'entre-
« tenir des établissements ou institutions qui,
« quoique d'un grand intérêt commun, ne pour-
« raient être érigées ou entretenues par des par-
« ticuliers. »

Quels sont ces établissements d'une utilité publique suffisante pour exiger qu'ils soient mis à la charge des budgets? C'est là, mes chers enfants, que les avis se partagent. Et je me garderai bien d'aborder devant vous ce terrain difficile. Quant au maintien de la sécurité extérieure et intérieure et à l'administration de la justice, on peut trouver,

dans tel ou tel pays, que l'État pourrait s'y prendre autrement pour nous assurer ces biens inesti-
mables, et qu'il nous les fait payer trop cher.
Mais aucun homme de bon sens ne peut lui refuser
le droit et le devoir de nous les assurer. Sans
pousser plus loin une discussion qui embarrasse
encore la plupart des économistes et des hommes
politiques, je me bornerai à vous dire que l'État,
pour bien remplir ses devoirs essentiels, et pour
ne pas soulever contre lui de perpétuelles récrimi-
nations, devrait viser toujours à restreindre au
lieu de les étendre ses attributions. Autrement il
lui arrive ce qui est arrivé au curé dont je vous
ai conté l'histoire. Et c'est pour s'être mêlés trop
souvent de ce qui ne les regardait pas, que beaucoup de gouvernements se sont vus, un beau jour
(qu'ils ont trouvé fort laid), renversés par les révo-
lutions.

TRENTE-TROISIÈME CAUSERIE

Conclusion.

Le grand-père. — Mes chers enfants, je crois bien que c'est aujourd'hui, pour cette année au moins, notre dernière causerie.

Les enfants. — Oh ! bon papa.

Le grand-père. — Voilà l'été qui s'avance. Adrien, Paul et Ernest vont avoir leurs examens à passer ; on aura ses vacances ensuite, et l'on se séparera pour quelques semaines. Il faut un peu de repos de temps en temps.

Les enfants. — Garde-nous au moins encore aujourd'hui, bon papa.

Le grand-père. — Je veux bien ; mais ce sera vous qui parlerez. Je désire voir si nos bavardages vous ont profité, et il est toujours bon de se rafraîchir la mémoire.

Voyons, Paul, toi qui vas entrer à l'École centrale, je te pose un problème qui vaut peut-être bien ceux que l'on t'a posés à ton examen : comment se fait-il que chacun de nous, même le plus pauvre, ait à sa disposition, tous les jours, quantité de choses qu'il lui serait impossible de se procurer directement par son travail, et que cependant, s'il n'est pas un voleur ou un mendiant, il les ait payées de son travail ?

PAUL. — C'est que chacun, en travaillant pour soi, travaille pour les autres, qui, à leur tour, travaillent pour lui.

LE GRAND-PÈRE. — Sans le savoir ?

PAUL. — Pas toujours, mais souvent. Le cordonnier qui me fait une paire de souliers sait qu'il travaille pour moi, s'il la fait sur commande, ou pour un acheteur inconnu, mais attendu, s'il la fait d'avance. De même le tailleur ou le boulanger du coin. Le planteur de coton en Géorgie, le charcutier de Chicago ne savent pas du tout dans quel pays ira leur coton ou leur lard. Ils savent seulement qu'ils iront quelque part où ils seront demandés, et qu'avec le prix ils pourront se procurer des choses que d'autres auront faites sans les connaître. C'est l'échange, sans lequel chacun serait réduit à ce qu'il aurait sous la main et pourrait récolter ou fabriquer lui-même.

LE GRAND-PÈRE. — Très bien. Et c'est pourquoi je vous ai dit que le commerce, qui est l'organisation de l'échange, est de l'assistance mutuelle. Mais pourquoi cet échange, qui ne fait que déplacer les choses en les faisant passer de mains en mains, est-il productif?

PAUL. — Parce qu'au lieu de chercher à tout faire, c'est-à-dire à faire un peu de tout, difficilement et imparfaitement, chacun se borne à faire ce qu'il fait le moins mal ou le moins difficilement. Les facultés des hommes diffèrent comme leurs goûts. Les ressources qu'ils ont à leur disposition ne diffèrent pas moins. Les climats, la nature du sol, les espèces animales et végétales sont dissemblables. Telle culture, telle industrie est avantageuse ici, désavantageuse là, et à l'inverse. En faisant pour autrui ce que je fais bien, j'obtiens qu'il fasse pour moi ce que je ferais mal et qu'il fait bien. Il me donne contre huit jours de ma peine, c'est-à-dire de ma vie, ce qui m'en coûterait quinze, et je lui donne contre huit jours de la sienne ce qui lui en coûterait quinze : nous gagnons chacun sept jours.

LE GRAND-PÈRE. — Bon ; je vois bien cela pour des productions de régions diverses, et je vous ai dit, en vous parlant du commerce international, que je ne comprends pas qu'on s'obstine à ne pas le voir. Mais dans un même pays, dans une même ville, dans un village, comment cette distinction des métiers et des occupations, qu'on appelle *la division du travail*, peut-elle développer dans de telles proportions la productivité de ce travail ?

ADRIEN. — D'abord, par cette diversité même ;

car les hommes ne diffèrent pas moins que les sols et les climats, et chacun, plus ou moins, a sa fertilité personnelle. Ensuite parce que, en s'adonnant spécialement ou principalement à une occupation, on y acquiert rapidement une supériorité qui en centuple et au delà la puissance. Il y a, en premier lieu, l'habitude qui nous rend possible, et bientôt facile, ce qui nous était difficile ou impossible. L'écriture, la lecture, le toucher des instruments, le maniement des outils dangereux ou délicats, qui deviennent un jeu avec le temps, en sont la preuve. Il y a, en second lieu, l'économie du temps perdu à passer d'une occupation à une autre, à changer d'ustensiles, à préparer son installation, à se mettre en train.

LE GRAND-PÈRE. — Parfaitement. Et quoi encore ? Voyons, Charles, toi, l'inventeur des attelages d'escargots ?

CHARLES. — La simplification des procédés et la multiplication des appareils, par suite de l'application habituelle à une même tâche que l'on cherche naturellement à rendre plus facile. Dans tous les ateliers, il se fait ainsi tous les jours des inventions modestes dont les résultats sont parfois considérables.

LE GRAND-PÈRE. — Il y en a eu une qui est restée célèbre dans l'histoire de la machine à vapeur. Qui est-ce qui la peut rappeler ?

YVETTE. — Moi ; tu me l'as racontée il y a longtemps. Je ne l'ai pas oubliée, et nous l'avons relue dans *Francinet*, je crois. C'est celle de ce petit garçon, Potter, qui avait été chargé d'ouvrir et de fermer les robinets d'entrée et de sortie de la vapeur dans une des premières machines, et qui, trouvant sa besogne ennuyeuse, eut l'idée de la faire faire par la machine en attachant les robinets à de grandes pièces qui montaient et descendaient à chacun de leurs mouvements.

LE GRAND-PÈRE. — Et c'est cette invention, perfectionnée, qui a permis à la machine d'aller vite et de nous faire franchir la distance de Paris à Marseille en treize heures, au lieu de treize jours comme il y a cent ans.

MARIE. — Tout cela est vrai ; et c'est très beau ! Mais il y a pourtant un revers à la médaille. Ernest et Gabrielle nous en ont parlé à propos des machines et des enfants employés dans les ateliers. Il est bien dur de faire toujours la même chose et de n'être plus en quelque sorte qu'un outil ou le manche d'un outil que l'on pousse.

LE GRAND-PÈRE. — Que l'on surveille et que l'on dirige plutôt ; car à mesure qu'ils se perfectionnent, les appareils deviennent plus vivants, plus animés en quelque sorte, et ce n'est pas une tâche indifférente que celle de faire marcher une machine à raboter, à graver, à forer, à découper, qui taille le métal comme de la dentelle et qui exécute, grâce à la main et à l'œil de son guide, des ajustages à un dixième ou un centième de millimètre.

C'est ce qui faisait dire à ce grand Arabe, que nous aurions dû utiliser au lieu de le combattre, à Abd-el-Kader, à la sortie de l'Exposition de 1855 : « Je viens de voir l'intelligence humaine dans sa plus merveilleuse splendeur... » Et puis, mes enfants, je vous l'ai déjà fait remarquer, le métier n'est pas toute la vie; il n'en est qu'une partie, et une partie de moins en moins considérable à mesure qu'il devient moins stérile. C'est à nous, en employant mieux les heures consacrées au labeur matériel, à la profession, d'en conserver pour le loisir, qui est, selon Franklin, du temps destiné à des occupations supérieures, et à employer utilement le produit de ce labeur plus productif, au lieu de le gaspiller en gaspillant nos forces. Le bonheur parfait n'est pas possible ici-bas, et ceux qui le rêvent et le font rêver aux autres sont des fous ou des malfaiteurs. C'est pour eux que Franklin a prononcé cet arrêt sévère : « Quiconque vous dit que l'on peut s'enrichir autrement que par le travail et l'économie, ne l'écoutez pas : c'est un empoisonneur ! »

Il y aura toujours des orages, des tremblements de terre, des naufrages, des incendies, des inondations et des épidémies. Nous pouvons en diminuer la gravité ou en atténuer les conséquences; nous ne pouvons pas les supprimer. Mais ces maux, que j'appelle *naturels*, ne sont peut-être pas les pires.

Les plus graves, ce sont les maux *artificiels*, ceux que nous nous infligeons à nous-mêmes par nos erreurs et par nos fautes. Nous n'avons à notre disposition que ce que nous obtenons par le bon emploi de nos forces. Au lieu d'en faire bon usage, nous nous en servons pour altérer notre santé ou pour nous nuire réciproquement. Tout nous commande de nous respecter, de nous aider et de nous aimer. Nous nous cherchons querelle; et nous consacrons à nous faire du mal, en en faisant aux autres hommes, nos compatriotes, ou aux autres peuples, qui devraient être nos clients, nos acheteurs et nos vendeurs, et que nous transformons en ennemis, la meilleure partie de nos forces et de nos ressources. Cela pouvait encore s'excuser quand la distance, en séparant réellement les groupes d'hommes, les rendait en quelque sorte étrangers les uns aux autres. Mais aujourd'hui que tous les intérêts se mêlent, que tous les marchés se confondent, que la terre entière n'est plus qu'un grand atelier dont toutes les parties, sciemment ou non, travaillent les unes pour les autres; quand c'est le coton d'Amérique ou la laine d'Australie qui alimente nos manufactures; sur la place de Londres, de New-York, de Buenos-Ayres, ou de Mexico que s'écoulent nos meubles, nos soieries, nos modes ou nos objets rares; quand des milliards de nos capitaux et des milliers de nos concitoyens sont employés non seulement chez nos voisins, mais jusqu'aux extrémités du monde, et qu'à l'inverse les capitaux, les bras et les capacités étrangères viennent alimenter notre industrie et notre commerce, il est devenu d'une absurdité manifeste de continuer à entretenir entre les nations, aussi bien qu'entre les diverses catégories de leurs membres, à l'intérieur de chacune d'elles, des sentiments de jalousie, d'animosité et de haine, et de consacrer à nous nuire les uns aux autres le plus pur de notre activité, de notre or et, hélas ! de notre sang. Émulation, soit ; rivalité, mais rivalité féconde et tempérée par la justice et la bienveillance. Le mal, comme le bien, se partage et se répercute. Nous sommes solidaires. Et chacun de nous, en travaillant pour lui, devrait songer qu'il travaille pour les autres, et que les autres travaillent pour lui. Ce n'est pas là, croyez-le bien, mes chers enfants, de la morale en l'air ; c'est de l'intérêt, de l'intérêt bien entendu ! « l'union fait la force ».

TABLE DES MATIÈRES

Paris. — Imp. Alcide Picard et Kaan, 102, rue de Tolbiac. — 6.1905. A. T.

A LA MÊME LIBRAIRIE

BIBLIOTHÈQUE D'INSTRUCTION & D'ÉDUCATION DU CITOYEN

N. BERTHONNEAU, *inspecteur de l'enseignement primaire*. — **L'Education laïque post-scolaire**. Ouvrage couronné par la Ligue française de l'enseignement, préface de M. Edmond Goblot, professeur à l'Université de Caen. Une brochure, couverture forte . . . . » 30

GASTON DODU, *inspecteur d'académie, docteur ès lettres*. — **Guide pratique de l'éducateur populaire** (*vade-mecum des œuvres post-scolaires*). Ouvrage sur le meilleur mode d'organisation et de développement de l'éducation laïque post-scolaire par département. Premier prix au concours de la Ligue française de l'enseignement (1900). Une brochure, couverture forte. . . . . » 60

F. ALENGRY, *docteur en droit, docteur ès lettres, ancien professeur agrégé de philosophie, inspecteur d'académie*. — **Précis de droit usuel** (droit public, droit civil). Ouvrage suivi d'un formulaire de procédure pratique. 1 fort vol. in-12 de 570 pages, relié toile rouge, titre or, tranche rouge glacée. . . . . 4 »

G. LAMY, *ancien inspecteur d'académie, professeur au lycée Carnot*, et G. MAYNARGUE, *avocat au barreau de Nice*. — **Traité pratique de droit usuel** (droit public, droit civil). Ouvrage suivi d'un formulaire de procédure pratique, 1 vol. in-12, relié pleine toile souple 2 60

G. LAMY. — **Éléments d'éducation civique et sociale**. — Manuel des droits et des devoirs du citoyen. Droit public. Ouvrage précédé de la Déclaration des droits de l'homme et du citoyen commentée et expliquée article par article. 1 vol. in-12, cartonné. 1 20

Mlle VARENNE, *institutrice*. — **Pour l'ouvrière**. Education sociale de la femme. — Conception et direction de la vie. — Soins corporels. — Cuisine ouvrière. — Toilette féminine. — Le foyer domestique. — Le travail et l'épargne. — La lecture. — Les conférences. — La conversation. — La méditation. — Du beau dans la nature. — Du beau dans les œuvres de l'homme. — Les arts d'agrément. — La famille. — Les amies. — La société. — 1 volume in-18, broché, **1 50**. Relié pleine toile. . . 2 »

F. GACHE, *professeur de l'Université*. — **L'éducation du peuple**. Le nouveau-né, l'enfant, l'adolescent. Préface de M. F. Buisson, député, président de la Ligue de l'enseignement. 1 fort vol. in-12, broché, 3 50. Relié pleine toile . . . . 4 »

F. GACHE. — **La Rhétorique du peuple**. La lettre, la conversation et le discours public. — Lettre de M. Léon Bourgeois. — Préface de M. A. Benoist. — Nouvelle édition considérablement augmentée. 1 vol. in-12, broché, **1 50**. Relié pleine toile . . . . 2 »